그래도
긍정이
답이다

_____ 님께
드립니다

## 그래도 긍정이 답이다

1판 1쇄 인쇄 2012년 12월 10일
1판 1쇄 발행 2012년 12월 15일

엮 은 이  유소운
펴 낸 이  김의수

펴 낸 곳  레몬북스
출판등록  제396-2011-000158호
주    소  경기도 파주시 문발동 535-7 세종출판벤처타운 404호
전    화  070-8886-8767
팩    스  031-955-1580

대표메일  kus7777@hanmail.net

ISBN  978-89-967624-6-1   13320

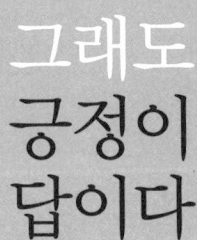

# 그래도
# 긍정이
# 답이다

유소운 엮음

레몬북스

# contents

## 1 행복한 삶에는 이정표가 필요하다

목표는 내일의 나     12
뜨거움이 생기를 불러온다     15
사소한 것이 주는 기쁨     20
중요한 것을 발견하는 힘     24
등불을 가슴에 안고 가는 사람     28

## 2 넘어져도 다시 일어나게 하는 친구

즐거운 나날     36
긍정의 힘     42
실패는 잊자     46
실패 없이는 창조도 없다     52
자신을 가두는 감옥     55
날씨 맑음, 마음도 맑음     63
나를 빛나게 하는 것     68
최고의 친구     73
자신을 믿어라     76
거울 속의 나     81
오늘 최선을 다하자     86

# 3 오늘과 다른 내일을 원한다면

| 창조적 생활 | 92 |
| 고정관념의 늪 | 95 |
| 이 세상에서 단 하나 | 98 |
| 현이 끊어져도 들리는 음악 | 104 |
| 시간은 선물, 지혜는 도구 | 110 |
| 마음 속 그림은 내가 그린다 | 115 |
| 똑같은 것도 다르게 하는 힘 | 120 |
| 지휘자는 피콜로에도 귀 기울인다 | 126 |
| 인생은 생각에 따라 가꾸어진다 | 129 |
| 사람을 움직이는 것은 | 132 |

# 4 열심히 일한 자신에게 주는 선물

| 일에도 순서가 있다 | 142 |
| 일하는 즐거움 | 145 |
| 일에도 사랑이 필요해 | 149 |
| 몸은 다스릴 수 있다 | 154 |
| 스트레스를 해소하는 몇 가지 | 162 |
| 심장이 뛰는 속도에 맞춰 | 168 |

# contents

## 5 행복에도 조건이 있다

| | |
|---|---|
| **행복의 원칙** | 178 |
| **행복을 즐기는 습관** | 183 |
| 누구나 행복해질 수 있다 | 192 |
| 가장 소중한 존재 | 197 |
| 특별한 아이 | 204 |
| 들어주는 기쁨 | 211 |
| 아낌없는 칭찬 | 217 |
| 스스로 움직이게 하라 | 224 |
| 내 마음속에 쌓는 재산 | 230 |
| 상대적 사고 | 234 |
| 내 안에 독을 키우지 마라 | 239 |
| 작은 선물 | 246 |
| 오늘만은 | 250 |

To.

From.

c h a p t e r

ID
# 행복한 삶에는
# 이정표가 필요하다

자신을 즐겁게 만들기 위해 목표를 세워야만 한다. 올바로 사는 사람이라면 매일, 매주, 매달, 매년의 목표가 있다. 생활이라고 하는 것은 목표의 연속인 것이다. 목표는 아주 사소한 것이라도 상관없다. 항상 일할 생각을 잊지 않도록 자기 자신을 조절하면서 즐기면서 최선을 다하면 되는 것이다.

# 목표는 내일의 나

　사람들은 아침에 눈을 뜨고 창문을 열면서 그날 일을 걱정한다. 전날 마무리를 못 한 일에 대한 걱정, 사업이 생각대로 풀리지 않을 것 같은 예감, 뭔가 좋지 않은 일이 일어날 것 같다는 걱정으로 하루를 시작하는 것이다.

　그것은 거의 습관적인 것이다. 이제 우리는 불안감을 희망으로 바꿔야 한다. 마치 아침에 일어나서 세수를 하고 화장을 하고 머리를 다듬는 것처럼, 아침에 눈을 뜨는 동시에 자동적으로 하루의 일과를 시작하며 희망을 가지는 것이다.

　우선 희망이란 목표가 있어야 한다. 어제 다 못 한 일을 오늘은 반드시 마무리 짓겠다든지, 어떤 상담을 반드시 성사시키겠다는 강력한 목표가 그것이다. 그 목표는 행복과 즐거움을 가져다 줄 수 있는 것이어야 한다. 그러기 위해서는 그 목표가 주위에서 강요하는 것이 아니라, 스스로 세운 목표라야 하는 것이다.

목표를 갖는다는 것은 창조적이고 유용한 정신 집중의 수단이 된다. 또한 구체적인 성공의 밑그림이라고 할 수 있다. 우리가 어떤 것이든 간에 언제나 목표를 가져야 하는 이유이다.

목표 설정 과정에서 실패를 범할 수도 있을 것이다. 그때 자학한다든지 실망해서는 안 된다. 다만 우리가 인간이라는 사실만을 생각하면 된다. 이성을 가진 인간으로서 자신의 사고를 비판하고 부적절한 것을 배제하면서, 그것이 과연 본인이 달성하고 싶은 목표인지 아닌지를 자신에게 물어보아야 할 것이다.

어린이는 시행착오를 반복하면서 배운다. 성인도 마찬가지다. 선설석인 비판은 도움이 되지만, 죄의식으로 자책하는 따위는 자신의 파괴를 가져올 뿐이다.

로마의 시인인 호라티우스의 통찰력은 2천 년 후인 오늘날에도 살아 있는데, 그는 다음과 같이 쓰고 있다.

'화살이 언제나 겨냥한 곳만 맞힐 수는 없다.'

그것은 위대한 진리다. 때때로 당신은 과녁을 맞히지 못할 때가 있을 것이다. 또한 어떤 날은 전혀 아무런 목표도 세우지 못하고 하루일과를 시작하기도 할 것이다. 그런 날은 하는 일 모두 실패하기 쉽다. 그러나 다음 날에는 현명한 목표를 가지고 새로운 생활을 할 수 있게 된다.

 지난날은 생각하지 말자. 하루하루가 전부이며 그 하루가 미래의 바탕이다. 그렇게 되면 우리에게는 항상 새로운 날이 시작되고, 보람된 삶이 펼쳐질 것이다.

 영국의 작가 조지 엘리엇은 이렇게 썼다.

 '생활을 황량하게 만드는 것은 동기의 결핍에 있다.'

 생활을 황량하게 만드는 것은 자기 자신인 것이다. 자신에게 동기를 주지 않으면 안 된다. 빌딩을 짓기 위해서는 철근과 시멘트를 배합시켜야 하나의 구조물이 되듯, 나의 모든 역량을 모아 자신이 만든 길을 달리는 것이다.

# 뜨거움이 생기를 불러온다

목표를 정하고자 한다면 토머스 에디슨에게서 교훈을 얻을 수 있다. 그는 목표를 추구하는 데 굉장히 치열하고 엄격한 사람이었다.

그렇게 얘기한다면 사람들은 이런 반박을 할지 모르겠다.

"에디슨 같은 위대한 사람이나 그럴 수 있는 거지, 나같이 평범한 사람이 어떻게 그렇게 해?"

그것은 정말 잘못된 생각이다. 문제의 본질을 잘못 생각하고 있는 것이다.

에디슨은 물론 위대하다. 그러나 분명한 것은, 그도 지극히 평범한 사람이라는 것이다. 만일 당신이 에디슨을 직접 만났더라면 그의 평범한 모습에 놀랐을 것이다.

그러나 그는 목표를 세우고, 그 목표를 믿고, 그 목표를 추구하며 살았다. 목표가 그의 생활이었다. 목표는 그의 나날이었다.

목표를 매일 세우고 그것을 향해 계속 열정을 불태우는 것! 에디슨에게서 그것을 배워야 한다. 마음속에서 타오르는 불꽃을 느끼는 것, 바로 그것이 우리의 생활인 것이다.

사회는 개성이 다른 사람들끼리의 모임체이다. 따라서 각기 다른 목표를 갖게 된다. 그러나 목표를 이루려는 열정과 불타는 의지, 돌진하고픈 감정은 공통적인 것이다.

필자는 바다를 무척 사랑하는 한 사나이를 알고 있다. 그는 바다와 관계된 일이라면 아주 조그만 것에서도 큰 기쁨을 얻는 사람이다.

바다를 말할 때 그의 눈은 새로운 생명을 얻은 듯 반짝이고, 바다를 볼 때 그의 온몸은 환희로 가득 찬다.

그는 바다 속에 들어갔을 때, 너무나 아름다워 그냥 거기 남고 싶어진다고 말한다. 생명을 잃을 것이라는 생각조차 못 하게 할 정도로 그에게 바다는 매혹적인 것이다. 그는 언제 어느 때라도 바다에 뛰어들고 싶은 사람이고, 그에게 있어 바다는 포도주요, 시요, 음악인 것이다.

우리에게 목표는 이 같은 바다여야 한다.

목표에 대해 그렇게 뜨거운 열정을 느끼게 되면 당신의 생활도 그렇게 변할 수 있다. 그러면 모든 사람들의 삶은 생기로 가득 차게 된다.

우리의 감정은 죽어 있는 경우가 너무나도 많다. 그것을 생활의 변화를 통해 되살려야만 한다.

예를 들어, 아침밥을 먹으면서 조간신문을 본다고 가정하자.

거기에는 두 가지 목표가 있다. 두 가지 다 하루 중의 목표로써 중요한 것이다. 식사를 해야 움직일 에너지를 얻을 것이고, 신문을 통해 움직이는 세상에 대한 정보를 얻어서 지식을 늘릴 수 있기 때문이다.

그렇다면 그런 목표를 분명히 달성하고 있는가? 당신은 '물론!' 이라고 대답할 것이다.

"너무 간단한 일 아니오?"

그럴까?

오렌지 주스의 시큼한 맛, 잘 구워진 토스트의 바삭바삭한 감촉, 뜨거운 커피의 훈훈한 향기를 충분히 맛보고 있을까? 식사를 하면서 전쟁 뉴스에 정신이 팔려 있지는 않을까?

우리는 국내외 뉴스를 듣고 보면서 그 내용을 충분히 이해하고 있을까? 그렇게 신문을 본 것이 내 자신과 생활에 과연 유용하게 활용되고 있을까? 그리고 이 복잡한 세상에 대한 예측 능력을 갖게 할 수 있을까?

혹시 단순히 걱정을 더하게 하는 원인이 되고 있지는 않을까?

핵에 관련된 뉴스를 들으며 전쟁 걱정을 하고, 혈압이나 암에 대한 의사의 말에 겁을 먹으며, 경제에 대한 복잡한 해설 기사를 읽고 신경질적으로 신문을 내던지지는 않는가?

또 누군가 당신의 비위를 건드리는 사람이 뉴스에 등장하여 입맛을 버려놓는 것은 아닐까? 그 사람을 향해 비아냥거리고 욕을 해대느라 소화 기능에 장애가 생기지는 않을까?

만약 그렇다면 당신은 두 마리 토끼를 다 놓치게 될 것이 분명하다.

불만에 가득 찬 상태로 식탁을 떠나게 될 것이며, 세상이 타락해 간다고 불평하면서 직장으로 향할 것이다.

과연 당신은 하루를 바람직한 모습으로 시작하는 걸까?

우리는 하루하루 그리고 순간순간을 충실하게 살아가는 법을 배워야 한다. 아무리 작은 목표라도 달성하기 위해 힘이 미치는 데까지 열정을 갖고 최선을 다해야 하는 것이다.

우리는 음식을 먹을 때도 기쁨을 얻을 수 있다. 이러한 생활 감각을 자신이 발견하지 않으면 안 된다.

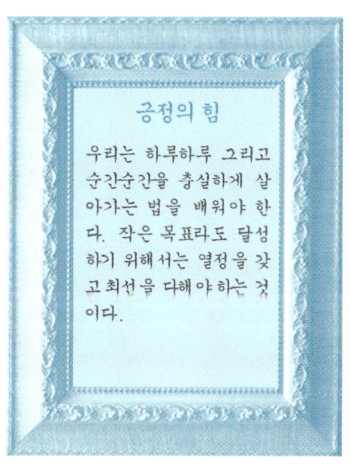

**긍정의 힘**

우리는 하루하루 그리고 순간순간을 충실하게 살아가는 법을 배워야 한다. 작은 목표라도 달성하기 위해서는 열정을 갖고 최선을 다해야 하는 것이다.

# 사소한 것이 주는 기쁨

 이 글을 쓰고 있을 때, 필자는 한 통의 편지를 받았다. 텍사스의 휴스턴에서 온 것이었는데, 그 편지를 읽은 나는 너무나 기뻤다. 심리인공두뇌학을 근거로 한 내 이론을 응용하고 있다는 한 주부의 편지였다.

 그녀는 내가 자기에게 새로운 가능성을 열어주었다고 했다. 그 덕택에 그녀는 그 이전에는 감히 생각하지도 못했던 몇 개의 계획을 시도해 볼 수 있게 되었다는 것이었다.

 그녀는 내 이론을 접하고, 그때껏 자신의 행동에 한계를 정하고 있던 것이 스스로 자기 자신을 속이고 있었다는 사실을 깨달았다. 그리고 그녀는 즉각 자기 자신을 해방시켰다.

우선 그녀는 평소에 하고 싶었지만, 여러 가지 사정으로 못 했던 것을 정리한 다음 자신의 목표를 세웠다.

- 메모를 할 것
- 영화비평을 쓸 것
- 추리소설을 쓰기 시작할 것
- 사업체를 설립할 것

이렇게 계획을 세운 다음, 목표 달성에 방해되는 것들을 차근차근 정리하면서 필요한 시간을 최대한 짜냈다. 그리고 목표 달성에 부지런히 매진한 결과, 1년도 채 안 돼서 모든 목표를 이루었다는 것이다.

"문제는 직장 일이었습니다. 내 자신의 목표가 있다고 해서 직장 일을 소홀히 해서는 안 되니까요. 그래서 목표를 달성하는 데 필요한 시간을 짜내기가 쉽지 않았죠. 집에 있는 시간은 물론이고, 출퇴근 시간이라든지 점심시간 등의 자투리 시간을 쪼개고 쪼개서 정말 부지런히 노력했습니다.

그렇다고 집안일이건 직장 일이건 적당히 했다고 생각하진 마세요. 어느 쪽 일이건 저는 최선을 다했습니다. 그때그때의 목표를 가지고 그것을 달성하는 데 전력을 기울였어요.

덕분에 저는 사는 것처럼 사는 시간을 가질 수 있었고, 진실한 삶을 살 수 있게 되었죠. 하지만 정말 힘들고 어려웠습니다.

그래서 몇 번이고 포기할까도 생각했었지만, 저는 마침내 해내고 말았습니다. 제가 포기했더라면, 결과는 뻔합니다. 아마도 저는 다시는 일어서지 못했을 겁니다. 진심으로 선생님께 감사드립니다."

그녀는 스스로 목표를 정했고, 그때껏 그녀를 짓눌러 왔던 현실적인 제약을 뿌리쳐버리고 유쾌한 삶의 길로 접어든 것이다. 앞으로도 그녀는 어떤 목표라도 달성할 수 있을 것이 분명하다.

우리는 그녀처럼 목표를 많이 가질 필요는 없다. 또 야심적일 필요도 없다. 다만 나태하고 안일한 삶에서 자신을 해방시키는 데 주력하기만 하면 된다.

온갖 장애를 극복하고 마침내 정상인보다 더 뛰어난 능력을 보여주었던 헬렌 켈러와, 심한 우울증을 가지고 있으면서도 놀라운 박애정신을 발휘한 나이팅게일을 상기해 보는 것도 도움이 될 것이다.

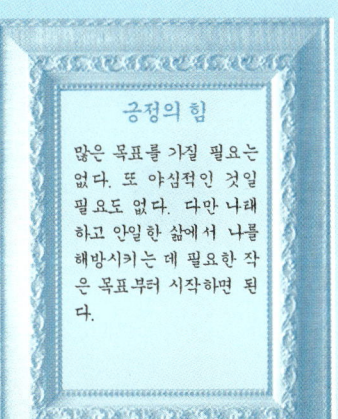

### 긍정의 힘

많은 목표를 가질 필요는 없다. 또 야심적인 것일 필요도 없다. 다만 나태하고 안일한 삶에서 나를 해방시키는 데 필요한 작은 목표부터 시작하면 된다.

# 중요한 것을 발견하는 힘

인간이 인간답다는 것은 어떤 목표를 세우고 그 달성을 위해 노력한다는 것이다. 이것은 심리인공두뇌학이라든가 자아상심리학에 관한 필자 이론의 근저를 이루는 문제이다.

우리는 자신을 즐겁게 만들기 위해 목표를 세워야만 한다. 올바르게 사는 사람이라면 매일, 매주, 매달, 매년의 목표가 있다. 생활이라고 하는 것은 목표의 연속인 것이다.

당신은 목표 달성을 위해 매진할 것인가, 아니면 대충대충 하루를 때우면서 자신의 못마땅함에 갈등을 겪으며 살고 싶은가? 즐거움을 얻고 싶은가, 그렇지 않으면 괴로워하면서 살고 싶은가? 그런 것들이 논란의 핵심이다.

물론 이 세상 어느 누구든지 목표를 갖고 있다. 그리고 그 목표는 너무나 중요한 것이다. 문제는 그 목표 선정 기준이 너무도 엄격하다는 점이다. 한마디로 말해서, 시시하고 자질구레한 것보다는 거창하고 묵직한 것들만 목표로 삼는다는 것이다.

그래서 마침내 사람들은 아무런 목표를 갖지 않게 된다. 우리들이 어떤 작은 목표를 달성해도, 사회에서 일어나는 부적절한 모순은 철폐를 가져올 수 없을 것이라고 생각하며, 어떤 목표를 세우는 일조차 포기하는 것이다. 세상을 조금도 변화시키지 못하는 자기네들의 목표는 너무나도 시시하고 재미없는 것이라고 느끼기 때문이다.

그런데 그것은 분명히 잘못이다. 우리는 세계적인 주요 분세를 결정하는 정치인도 아니고, 인기 연예인같이 수십만 명의 관객을 동원하지도 못한다. 또한 유명한 야구선수처럼 장외 홈런을 쳐서 관중을 열광시키지도 못하지만, 우리는 그들처럼 한 인간이며 이 사회에서 자신의 역할을 묵묵히 지켜가는 사람인 것이다.

우리는 온갖 감정이라든가 욕구를 가지고 있는 자신에게 어느 누구보다도 값어치가 있고, 세상에서 가장 소중한 인간인 것이다.

만일 당신이 청소년이라면, 다음과 같은 것들을 목표로 삼을 수 있다. 여행지를 선택한다든지, 어떤 기술을 몸에 익힌다든지, 미지의 것을 탐구한다든지, 운동연습에 열중하거나 사교춤을 배운다든지, 새로운 친구를 만들거나 마음이 맞는 친구들과 어떤 동호인 모임을 가질 수도 있는 것이다.

이와 같이 다양한 목표 중에서 자신의 마음에 드는 목표를 몇 개쯤 선정할 수 있지 않겠는가.

그리고 20대, 30대가 되면서 목표는 더욱더 가지를 치게 되고, 그 달성 기간에도 변화가 오게 된다. 스스로 휴식에 대한 관념이 바뀌고, 가족을 기쁘게 하며, 돈을 번다든지, 취미로 무엇인가를 연구하거나 공부하게 될 것이다.

당신은 순간순간에 마무리되는 목표를 달성하려고 애쓸지도 모르고, 힘겨운 목표가 너무 많아서 그것을 달성하기 위해 날마다 쫓기는 몸이 될지도 모른다. 그러나 어쨌든 그때그때, 또는 하루하루의 목표를 그 시간 안에 달성하는 습관을 들여야 한다.

목표는 아주 사소한 것이라도 상관없다.

항상 일할 생각을 잊지 않도록 자기 자신을 조절하면서 즐기면서 최선을 다하면 되는 것이다.

그런 자세를 항상 유지하고 있다면, 만일에 당신이 어떤 목표를 가지고 있지 않다 하더라도 목표 쪽에서 스스로 당신을 붙잡아 줄 것이다.

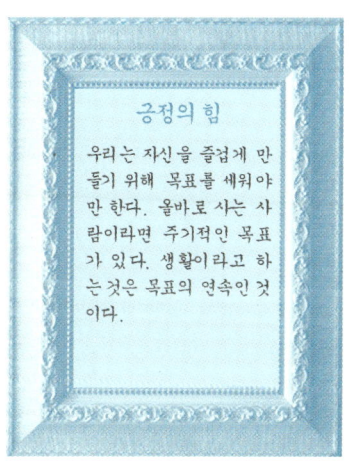

긍정의 힘

우리는 자신을 즐겁게 만들기 위해 목표를 세워야만 한다. 올바로 사는 사람이라면 주기적인 목표가 있다. 생활이라고 하는것은 목표의 연속인 것이다.

# 등불을 가슴에 안고 가는 사람

 우리는 자신이 어떤 사람인지 알고 있는가? 또 어떤 것은 할 수 있고 어떤 것은 할 수 없는 것인지 자신은 잘 알고 있는가?
 그것을 잘 파악하는 것은 매우 중요한 일이다. 그리고 그것을 생활에 반영하는 것은 더더욱 중대한 일이다. 자기 자신에 대한 태도에 따라 향상의 기회가 올 수도 있고 절망의 구렁텅이로 빠질 수도 있기 때문이다.
 자아상은, 우리가 일을 즐겁게 하거나 여가를 유쾌하게 보낼 수 있도록 힘을 빌려준다. 또 어떤 목표를 갖더라도 그것을 이루었을 때는 행동에 자신감을 갖게 해주는 것이다. 그래서 모든 것이 자신의 가치를 높이면서 최고의 상태에 있을 때 비로소 진정한 자신의 모습을 알 수 있게 되는 것이다.

 건설적인 자아상을 갖고 있는 사람은 만족한 삶을 위해 일부러 노력할 필요도 없다. 그런 건전한 자아상을 유지만 할 수 있다면, 우리의 생활은 그 자체가 삶의 풍요로움이기 때문이다.
 그래서 어떠한 고통이나 고난에도 꺾이지 않는다. 극복의 차원을 넘어서 그것까지 즐기는 차원에 다다랐기 때문이다.
 그렇게 되면 자아상은 더욱 강화된다. 끊임없이 전진하고, 자신의 한계를 파악하여 중단 없이 자아상 강화에 힘쓰면서 무슨 일이나 즐겁게 헤쳐나간다면, 어떠한 어려움도 이겨 나갈 수 있는 강력한 힘을 지니게 된다.
 그러기 위해서 다음 두 가지 교훈을 신조로 삼자.
 하나, 매일 목표를 갖자.
 둘, 현실로부터 절대로 도피하지 말자.

 언젠가 서부 쪽으로 강연을 간 적이 있다. 그때 샌디에이고에서 샌프란시스코행 비행기를 탔을 때였다. 필자는 86세의 노부인과 나란히 앉았는데, 그녀와 여러 가지 이야기를 나누게 되었다.
 그녀는 영국 태생인데, 얘기 중에 그녀가 캘리포니아의 패서

디나 부근에 영국계 노인들을 위해 '노인의 집'을 마련했다는 사실을 알게 되었다.

   그녀는 86세라는 고령에도 불구하고 명예회장으로서 매일 '노인의 집'을 방문하여 봉사한다고 했다.

"나는 하루하루가 너무 바빠."

"연세가 많으신데, 힘든 적은 없으십니까?"

"나이 같은 것은 아예 생각도 하지 않아요. 나는 나 스스로 즐기고 있는 거지. 그저 마음을 쓴다면, 하루하루 작은 계획을 세우고 굉장히 좋은 날로 만들려고 하는 목적뿐이오. 나는 얘기하는 것도 좋아하고 남의 얘기를 듣는 것도 좋아하면서 작은 일거리를 찾아 도와주며 즐길 수 있거든."

"그래서 그렇게 젊어 보이시는군요?"

"즐기면서 살아서 그럴 거야. 나는 하루하루 목표실천을 하면서 지내는 것이 여간 재미나는 게 아니거든."

   그렇게 말하는 그녀의 눈빛은 매우 반짝거렸다.

   그 뒤, 나는 샌프란시스코에서 며칠 보낸 다음 샌디에이고로 돌아가기 위해 비행기를 탔다. 도중에 비행기가 산타바버라에 착륙했는데, 거기에서 10대 초반의 아이들 50여명 정도가 비행기에 올라탔다. 그들을 인솔하는 어른들이 몇 명 있어서 알아보니, 그들은 가출을 했거나 경미한 범죄를 범한 청소년들로서 보호 감독 하에 있다고 했다.

그중 한 소년이 내 옆 좌석에 앉았다. 12세 정도로 보이는 그 아이의 눈은 지나온 과거를 말해 주듯 총기가 없어 보였다. 두 눈은 어두운 그림자에 묻혀 있는 듯했다.

소년은 비행 도중 내내 몸을 돌려 말없이 창밖만 내다보고 있었다. 그러다가 비행기가 샌디에이고 상공에 도착했을 때 혼잣말로 이렇게 말했다.

"와, 사람들 되게 많다! 꼭 벌레 같네."

나는 그 소년의 말에 이상스럽게 가슴이 떨렸다. 우리 주위에 평범한 사람이 그런 말을 했더라면 그냥 스쳐지나갔을 것이다. 그런데 내내 침울한 모습으로 있던 소년이 그런 말을 하다니…….

나는 사람들을 '벌레'에 비유한 그 소년이 측은해졌다. 그 아이에게는 삶의 목표라고는 찾아볼 수가 없었다.

삶 자체가 그 아이에게는 쓸데없는 짓인지도 몰랐다. 나는 그 감독 교사들이 소년을 잘 이끌어줄 것이라고 믿고 싶었다. 그리고 소년이 자기 마음속에 내재되어 있는 적극적이고 긍정적인 성향을 발견할 수 있게 되기를 충심으로 빌었다.

나는 86세 고령의 노부인과 12세 소년을 비교하지 않을 수 없었다. 노부인의 적극인 삶과 어린 소년의 무기력한 삶이 너무나도 대조적이었기 때문이다.

거기에서 나는 사람들이 삶의 희망을 잃어버리는 것은 나이가 아니라, 삶의 목표를 잃어버렸을 때 무기력해지기 때문임을 깨달았다.

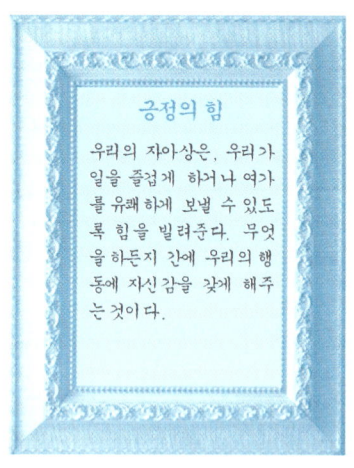

긍정의 힘

우리의 자아상은, 우리가 일을 즐겁게 하거나 여가를 유쾌하게 보낼 수 있도록 힘을 빌려준다. 무엇을 하든지 간에 우리의 행동에 자신감을 갖게 해주는 것이다.

To.

From.

c h a p t e r

# 2

# 넘어져도 다시
# 일어나게 하는 친구

어떠한 불행한 사태나 불안정한 상태에 내던져질지라도 스스로 일어나야 한다.

그럴 때 필요한 것이 바로 긍정적 사고인 것이다.

우리가 생활에서 부딪힐지도 모르는 어떤 어려움이 있더라도 힘차게 발을 내디

딜 수 있도록 만들어 주는 것이 긍정의 힘인 것이다.

# 즐거운 나날

즐거움으로 가는 길은 어디에 있는가? 과연 그런 길이 있기는 있는 걸까?

그렇다. 즐거움으로 가는 길은 적당한 목표를 세우고 그 방향으로 두려움 없이 나아가는 사람들에게는 활짝 열려 있다.

만일 내가 삶의 목표도 없이 물 흐름에 따라 생활을 한다면, 삶의 즐거움은 물론 사회의 패배자로 가는 막다른 골목이 될 것이다.

우리가 감정의 늪에 빠져 허우적거린다면, 막상 즐거움을 발견했다고 해도 그것을 움켜잡지 못할 것이다. 때문에 당신은 그 늪에서 빠져나오려는 자신의 본능에 용기를 불어넣어야 한다.

다음에 열거하는 몇 가지 사고방식들은 인생을 유쾌한 것으로 만드는 데 도움이 될 것이다. 이런 것들이 우리 생각의 일부가 될 때까지, 편한 자리에 앉아 반복해서 읽어주기 바란다.

앉아서 생각하고, 그 후에는 인생을 즐기는 일만 남아 있게 될 것이다.

## 자아상(自我像)의 강화

우리가 자신의 자아상을 좋아하지 않으면 즐거움은 생길 수 없다. 그것은 기초가 부실한 토대 위에 건물을 세울 수 없는 것과 마찬가지 이유다.

만일 자아상이 불완전하다면 우리는 사회생활에서도, 여행에서도, 그 어떤 곳에서도 즐거움을 찾을 수 없을 것이다. 따라서 자신이 이루었던 좋은 기억을 되살려 음미해야 한다. 그리고 행복했던 그때를 음미함으로써 당신의 용기를 북돋아야 한다.

이때 자신에게 만족하는 것에 초점을 맞춰서는 안 된다. 즐거움이 몸 안에 항상 가득 차도록 하려면 자신의 약점에도 현명하게 대처해야 하는 것이다.

이런 식으로 내 자신의 자아상을 강화하는 것을 중요한 습관으로 만들어야 한다. 그렇게 하면 즐거움은 항상 당신과 함께 할 것이다.

## 숨겨진 재능의 발굴

사람은 누구에게나 숨겨진 내면의 재산이 있다. 그것은 저마다 타고난 성품과 재능과 남을 배려할 줄 아는 마음이다.

그러나 사람들은 대개 그것을 숨겨둔다. 왜 그럴까? 남의 비판을 겁내기 때문은 아닐까? 평소에 드러내 보이지 않던 자신의 성품이나 재능을 끄집어냈는데, 그것이 불완전한 것일까 봐 걱정하기 때문은 아닐까?

사람은 누구나 훌륭한 성품과 소질과 재능을 갖고 있다. 그런데 사람들은 대개 그것을 펼쳐 내보이는 데 서투르다. 왜냐하면 그것의 존재 자체를 잘 모르기가 십상이며, 안다고 해도 그것에 자신감을 갖고 있지 못하기 때문이다. 따라서 그것들은 마음속 깊은 곳에 파묻혀 썩어가고 있다.

개발되지 못한 자질은 땅속에서 잠자고 있는 귀금속보다 더 가치 없는 것이다. 만일 자신이 그 자질을 캐지 않고 남들에게 보이지 않으면, 다른 사람들도 그것을 인정하지 않는다. 더욱 좋지 않은 것은 내 자신의 무관심이다.

"나한테 그런 재능이 있겠어?"

"나보다 나은 사람이 수두룩한걸!"

그러면서 자신의 자질 개발을 포기하고 마는 것이다. 그렇게 되면 자신의 그 훌륭한 자질은 땅속에서 서서히 썩어갈 것이고, 마침내 흙으로 변하고 말 것이다.

내 자신의 자질을 파내는 데 삽이나 불도저 같은 건 전혀 필요 없다. 토지소유권이나 용역계약서 같은 것도 필요 없다. 오로지 필요한 것은 가족이나 친구, 자동차나 집에 갖는 만큼의 애착을 가지며, 자신의 내면 속에 숨겨진 자질을 찾으면 되는 것이다.

## 세심한 배려

이 세상은 경쟁 사회다. 타인과의 경쟁에서 지면 '패배했다.'로 평가되는 사회다. 물론 타인과의 경쟁을 통해서 서로의 발전을 꾀할 수만 있다면 그건 좋은 일임이 틀림없다. 그러나 그보다는 타인을 깎아내리는 것으로써 자신이 앞지르려는, 이 전투구泥田鬪狗 현상만 보이는 것이 현실이다. 그런 과열 경쟁으로 인해 개인 간의 단절, 고독감 같은 것도 큰 문제이다. 그것은 오늘날 문명사회가 낳은 가장 큰 비극이다.

그러나 사실 사람들은 다른 사람의 사랑이나 이해를 간절히 바라고 있다. 그들은 또한 다른 사람의 우정과 사랑을 받아들일 준비가 언제든지 되어 있다. 그러므로 내 자신이 남에게 사랑과 이해를 받고 싶다면, 먼저 당신이 남에게 우정과 사랑을 주어야 한다. 그러면 그 사람도 나에게 우정과 사랑으로 화답할 것이다.

물론 그 사람은 처음에는 의심을 품을지도 모른다. 그러나 상대의 우정과 사랑이 순수한 것이라고 느끼면 의심은 곧 따뜻함으로 변할 것이다. 그러면 누구나 남에게 주는 것이 받는 길이라는 것을 알게 될 것이고, 그 깨달음은 당신을 크게 만족시켜 줄 것이며 그 자체가 행복한 즐거움일 것이다.

## 목표 달성에 전력투구

앞에서 말한 것처럼, 우리는 매일매일 목표를 갖고 생활해야 한다. 그런데 목표를 정하는 것만으로는 충분하지 않다. 언제나 정신을 목표에 집중하고 목표 달성에 전력투구해야 하는 것이다. 그렇게 하는 것만이 생활 속에서 진정한 기쁨을 얻을 수 있는 유일한 방법이다.

골프를 좋아한다면 그저 심심풀이로 쳐서는 안 된다. 티샷을 할 때는 잡생각을 버리고 오로지 공에 집중을 해야 한다. 하지만 골프를 잘 치는 것은 그다음의 목적에 불과하다. 그보다 큰 목적은 운동을 함으로써 즐거움을 얻고 사람을 얻는 것이기 때문이다.

  우리는 주어진 일에 몰두하지 않으면 안 된다. 자신이 하고 있는 일에 집중력을 갖고 충실하다면, 자신의 세계는 즐거움과 행복으로 넘치게 된다.

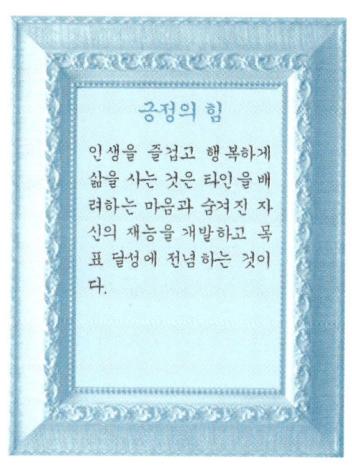

긍정의 힘

인생을 즐겁고 행복하게 삶을 사는 것은 타인을 배려하는 마음과 숨겨진 자신의 재능을 개발하고 목표 달성에 전념하는 것이다.

# 긍정의 힘

 우리는 이 세상에 힘없는 작은 모습으로 태어난다. 힘없는 작은 모습으로 태어나는 만큼, 우리는 매우 불안정한 상태에서 삶을 시작하게 된다. 혼자서 기분 좋게 옹알이를 하다가 갑자기 울어대고, 큰 소리로 울다가 갑자기 울음을 멈추고 헤헤거리거나 웃는 짓을 되풀이하며 사는 것이다.

 그리고 역시 불안정한 시기인 어린이 시절에 돌입한다. 어린이들은 복잡한 경제적 · 정서적 · 사회적인 상황에 아직 스스로 대처할 수 없기 때문에 부모에게 의존하지 않을 수가 없다.

 그다음의 사춘기는 더더욱 불안정하다.

 '나는 어린아이일까, 어른일까?' '섹스란 무엇일까? 좋은 것일까, 나쁜 것일까?, 누구한테 물어보면 알 수 있을까? 내 몸을 보면 나는 이미 어른이 다 됐어, 안 그래?

이런 끝없는 의문 속에서 불안정한 삶을 보내게 되는 것이다.

성인기에 들어서면 수많은 새로운 문제에 부딪침으로써 더욱더 불안정하게 된다.

배우자를 선택하는 결혼 문제에서부터 아이를 갖는 일, 성생활에 대한 결정, 직업의 선택 그리고 직장에서의 문제뿐만 아니라 주택구입이라든가 노후생활을 고민하는 일 등……. 책임 있는 성인이 직면하지 않으면 안 되는 갈등은 무수히 많다.

은퇴 후의 생활에도 역시 문제가 있다. 모든 일에 있어서 게을러지기가 일쑤고, 죽음의 공포에 떨기도 한다.

우리는 언제나 우리의 삶이 비극으로 전개되지 않을까 두려워하며 산다. 실직함으로써 생활에 곤란을 받게 되지는 않을까 걱정하고, 사랑하는 사람들이 교통사고를 당해 불구자가 되지는 않을지, 가족 중의 누가 나쁜 상황에 처하지는 않을지 걱정하며 산다.

모래 속에 머리를 틀어박고 숨어 살지 않는 한, 이와 같은 뜻하지 않은 재난은 언제 현실로 일어나게 될지 알 수 없기 때문이다.

그렇다면 미래에 대한 이러한 걱정은 어떻게 하면 좋은 것일까? 대답은 매우 간단하다.

살아 있는 동안만큼은 긍정적인 사고방식을 가지고 생활하고, 더 나은 생활을 추구하면서 부단히 노력하면 된다. 다시 말해 건강한 자아상自我像을 확립해 나가는 것이다. 건강한 자아상은 우리가 안정감을 갖는 데 크나큰 도움을 주기 때문이다.

인간은 누구나 언젠가는 죽는다. 그것은 하늘에서 정한 법칙이며, 그것에 대해서는 달리 손을 쓸 수가 없다.

그렇다면 우리는 어떻게 살 것인가?

죽을 것이 두렵고 짜증나니까 우울하게 살 것인가, 아니면 웃으면서 즐겁게 살 것인가? 아마도 거의 누구나 이 물음에 후자를 택할 것이다.

그런데 즐겁게 사는 방법도 여러 가지다.

즐겁게 산다고 해서, 어차피 죽을 목숨이니까 되는 대로 살다가 죽겠다는 사람이 있는가 하면, 매사에 최대한 노력하는 데서 즐거움을 찾으려는 사람도 있을 것이다.

어떤 것이 옳고 바람직한 삶의 태도일까? 경험해본 사람이면 누구나 후자라고 대답할 것이다.

즐거운 일이라고 해서, 매일같이 술 마시고, 파티를 즐기고, 놀러만 다닌다면 어떨까? 과연 우리는 그렇게 살다 죽을 때 후회 없는 인생, 즐거운 인생을 살았다고 자신 있게 말할 수 있을까? 대답은 물론 '아니다.' 이다.

어떤 일을 하게 되었을 때 또는 해야만 할 때, 그 일을 즐겁게 하는 것이 인생을 즐겁게 사는 방법이다. 힘들고 하기 싫은 일일수록 즐겁게 즐기면서 하면 결과도 좋다.

그런가 하면 우리는 어려운 일을 해냈을 때 보람과 성취감을 맛보게 되며, 부차적으로 경제적인 윤택함도 같이 얻을 수 있게 되는 것이다.

물론 그렇다고 해서 항상 일해야 하며 항상 어려운 일에만 매달리라는 것은 아니다. 푸르른 나무들도 바라보면서, 아름다운 꽃의 향기를 맡고 맛있는 음식을 즐기기도 하면서 일을 사랑하라는 것이다. 그럴 때, 우리의 삶은 더욱 윤택해질 것이다.

# 실패는 잊자

 만일 열심히 노력만 한다면, 우리는 어떤 나이에도 사는 보람을 찾을 수 있을 것이다. 그렇게 되면, 우리는 항상 활력에 넘치게 되고, 하늘을 나는 것처럼 유쾌하게 웃을 수 있다.

 미국의 시인 헬렌 헌트 잭슨은 다음과 같이 쓰고 있다.

 '신이 사랑하는 자는 영원히 젊음에 가득 차 있다.'

 신이 누구를 사랑하는지 알 수 없지만, 만일 당신이 자기 자신을 존중하고 원래부터 유능한 사람이라고 믿고 있다면, 죽을 때까지 생기발랄한 '젊음'을 유지할 수 있을 것이다. 그리고 어떤 고통이나 고난에 부딪히더라도, 주위 사람들에게 동정을 구하기 위해 불평불만을 하고 어려움을 호소하는 따위의 무익한 인생은 살지 않을 것이다.

일생을 통해 창조적 사고를 지니도록 해야 하며 하루하루 목표를 향해 충실히 노력하며 살아가야 한다. 나이를 탓하거나 돈이 없다는 것을 핑계 삼아서는 안 된다. 그것 또한 당신의 생각을 변화시켜야 하는 가장 중요한 목표 중의 하나이다.

그러면 언제부터 창조적 생활을 시작하면 좋겠는가? 지금 당장 시작하는 것이다. 그것은 자신이 누구인가를 파악하는 일로부터 시작된다. 자아의 있는 그대로의 모습과 힘을 알고 있어야 한다. 그리고 나이에 알맞은, 충실한 생활을 보내는 기본이 되는 현실적인 삶의 기초 위에 참된 자아상을 세워야 한다.

생활은 좋은 일만 있을 수는 없다. 때로는 친구에게 배신을 당할 수도 있고, 굶주림을 경험할 수도 있으며, 사업을 실패하면서 괴로움을 당하는 경우도 있다. 실패나 실망을 참고 견디고 일보 후퇴하면서, 또 편지를 내미는 것처럼 난관을 극복하며 살아 나아가지 않으면 안 된다.

어느 누구도 당신에게 도움을 주지 않는다. 당신이 오로지 기대할 수 있는 것은 자기 자신에게 주어진 삶 속에서의 외로운 싸움뿐이다. 당신이 직업을 잃는다든지 사업에서 실패했다고 가정해 보자. 당신은 우울하다 못해 몸져누울지도 모른다. 그렇게 되지 않을 사람이 과연 얼마나 있겠는가.

당신은 초조해지고, 작은 일에도 화를 내게 될 것이다. 무슨 일을 해도 제대로 되는 일이 하나라도 있는가? 형편이 좋았을 때의 친구들은 당신을 피할 것이며, 지나가던 강아지조차도 당신을 보고 짖는 것처럼 느껴질 것이다. 그러나 눈 딱 감고 이렇게 생각해 보면 어떨까?

'실패는 이미 과거의 일이다. 그러니 깨끗이 잊어버리자.'

당신은 우울증에 빠져 자기 자신을 자책하고, 자신을 실패하게 만든 자기 자신을 몹시 미워할 것이다.

'그때 그렇게 했더라면 좋았을 것을…… 그렇게 해두었더라면……'

이렇게 자책하는 말을 끊임없이 중얼거리면서, 과거의 실패에 대한 회상 속에 당신을 묶어두려고 할 것이다. 그러나 그와 같은 행동은 자기 자신을 잘 관찰하고서도 중요한 대목은 간과하는 것이고, 그대로의 자기 자신을 미워하면서 생활에 있어서의 가장 좋은 벗인 당신의 자아상을 말살하고 있는 것이다.

당신은 자기 자신을 정답고 부드럽게 바라보고 있는가? 당신 자신이 실패를 초래했다고 하더라도 자신을 용서하고 '사람이니까 실수할 수도 있는 거지.' 하고 자기 자신에게 되물어본 적이 있는가? 그리고 똑같은 실패를 두 번 다시 되풀이하지 않겠노라고 결심하며 자신을 북돋아보았는가?

실패는 잊어야 한다. 당신은 실패한 적이 없는 것이다. 그리고 무(無)에서부터 다시 시작하는 것이다. 아마도 그러면 보통 사람은 이렇게 반발할지도 모른다.

"어떻게 엄연히 있었던 일을 없었다고 한단 말이오? 당신이 직접 당하지 않았다고 그렇게 함부로 말하지 마시오! 얼마나 내가 원통하고 억울한지 아시오?"

그러면 당신 말대로 있었던 일이라고 하자. 그렇다고 달라지는 것이 무엇인가? 실패가 성공으로 변하는가? 좀 덜 억울해지는가? 아니면 누군가가 당신의 원통함을 동정해서 사업 자금을 지원해 주기라도 하는가? 정말 아무것도 달라지는 것은 없다. 다만 달라지는 것이 있다면, 그럴수록 자신의 상처만 커질 뿐이라는 사실이다.

그렇다면 실패는 빨리 잊어버리자. 실패는 변할 수 없는 상황인데, 그것을 자꾸 되뇌면 상처만 커질 뿐이며, 차라리 잊어버리자는 것이다. 실패한 것에 구애받지 않고 적극적인 방법으로 재기한다면, 당신의 자아상도 점차 회복되어 일상생활에서 활력을 느낄 수 있을 것이다.

이쯤 되면 '실패'란 단어를 떠올린다 하더라도, 그것이 당신을 위협하지는 않을 것이다. 대신에 희망을 느낄 것이다. 왜냐하면 당신의 마음은 이미 희망으로 가득 차 있기 때문이다.

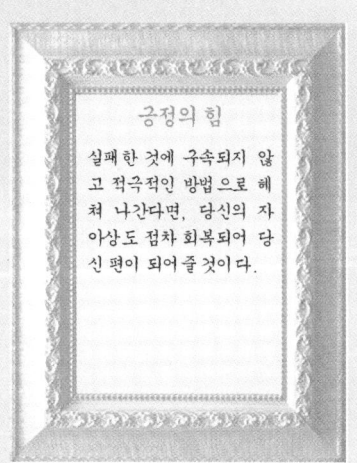

### 긍정의 힘

실패한 것에 구속되지 않고 적극적인 방법으로 헤쳐 나간다면, 당신의 자아상도 점차 회복되어 당신 편이 되어줄 것이다.

# 실패 없이는 창조도 없다

 '실패 구조'라는 강력한 적과의 싸움에서 승리를 거두기 위해서는 제일 처음 상대방의 가면을 벗겨버려야 한다. 그럴듯한 이유나 언뜻 보아 논리적인 사고가 실패 구조의 기능을 점차 침식하고 있을지도 모르며, 만약 그렇다면 당신은 이 싸움에서 패배할 것이다.

 자신의 잘못된 관념을 부수기 위해 '포병'에게 발포를 명해야 한다. 욕구불만에 기인한 공격이나 원한의 방향을 바로잡아 고독감이나 공허감을 견뎌내는 방법을 발견하지 않으면 안 된다.

 동시에 필자는 다시 한번 다음과 같은 점을 분명히 해두고 싶다.

'실패하는 것은 실패 구조의 작용 때문은 아니다.'

어떤 행동이나 계획에서 실패를 범하는 것은 우리가 인간이지 신이 아니라는 증거에 불과하다.

필자는 단언한다. 만약 당신이 한 번도 실패한 일이 없다고 하면, 어떠한 행동이나 계획에도 정말 도전한 일이 없었을 것이다.

로마의 철학자 세네카의 글 중에 이런 말이 있다.

'만일 당신이 사내라면 큰일을 하려는 자들을 칭찬해야 할 것이다. 설사 그들이 실패했다고 해도…….'

토머스 에디슨은 실패자일까? 물론 아니다. 그건 생각하는 것만으로도 바보스러운 일이다. 그러나 사실 그는 수없이 많은 실패를 거듭한 사람이다. 그 많은 실패가 그를 훌륭한 창조로 이끈 것이다. 에디슨은 실패에서 배우고 실패의 터전 위에 성공을 세운 것이다.

발명은 실패하는 데서 이루어진다. 실패의 체험이 없는 곳에는 창조도 없는 것이다.

이것은 우리가 인생에서 배운 큰 교훈의 하나를 요약한 것이다. 사물의 판단이나 응용에 있어서 실패나 실책은 인생에 대한 애착을 버리지 않는 한 피할 수 없는 것이다.

성공의 비결은 실패를 훌륭한 경험으로 살려서 견뎌나가는 데 있다.

실수를 잊고 실수를 탄식하지 말며, 잘못을 범하기 쉬운 자신의 인간성을 깨우치는 것이 문제의 중요한 열쇠가 되는 개념이다. 거기서 당신은 죄의식에서 벗어나 용감하게 사회에 발을 내딛고 가장 강한 자기 자신을 바라보며 목적을 설정하고, 성공 본능을 인생 게임에서 활용할 수 있게 되어야 한다.

이 원칙은 특히 우리가 새로운 것에 도전할 때 응용된다.

무엇을 시도할 때 반드시 실수와 잘못을 범한다. 그 실수에 매달리지 말고 솔직히 인정하며, 그런 잘못을 최소한으로 막고, 친구에게 대하듯이 자기 자신에 대해서도 관대해지는 것을 배워야 한다. 그렇지 않으면 자신의 모든 도전을 억압하여 용기를 잃게 된다.

# 자신을 가두는 감옥

'자기발전 부정증후군'이란 게 있다. 자신도 모르게 무의식 중에 발동하여 자신의 진취성을 꺾어버리는 여러 가지 요인을 일컫는 말이다. 그것들은 실패의 요인이므로, 우리는 그 증후군에 대해서 철저하게 다루어야 할 필요가 있다.

인간에게 있어서 진취성이 성공을 가속시킬 수 있는 것처럼, 부정적인 요소는 사람을 패배의 나락으로 밀어 넣는 막강한 힘을 가졌다. 급경사가 진 언덕 밑으로 굴러 떨어지는 바위처럼 가속도를 더해주는 것이다.

욕구불만, 공격성, 불안, 우유부단, 원한, 공허감, 실패……. 이런 것들이 실패 구조의 여러 가지 요인이다.

소름 끼칠 정도로 무서운 이것들이 인간에게 어떤 영향을 미치는지 하나씩 생각해 보자.

### 욕구불만

사람들은 소중한 목표를 달성하지 못했거나, 어떤 기본적인 욕구를 충족시키지 못했을 때 욕구불만을 느낀다. 인간은 불완전한 존재이고, 인간 세계는 복잡한 곳이어서 누구나가 때때로 욕구불만에 빠지기 마련인 것이다.

문제가 되는 것은 만성적인 욕구불만이다. 그것은 사람을 어느 일에서나 실패하도록 만드는 지름길로 인도하기 때문이다.

우리가 요즘 자주 짜증이 나고 불만에 가득 차 있다면, 한번 곰곰이 생각해 보아야 한다. 혹시 만성적인 욕구불만에 빠진 것은 아닐까?

그렇다면 자기 자신에게 그 이유를 물어보자. 목표가 너무 높은 곳에 있지는 않은가? 너무 심한 자기비판으로 목표 달성을 억제하고 있는 것은 아닌가? 욕구불만일 때, 울며 보채는 유아기의 감정을 갖게 되는 것은 아닌가?

욕구불만은 날뛴다고 해서 해소되지 않는다. 뛰는 동작 같은 것이 아직 서툰 어린아이라면 몰라도 성인일 경우에 그럴 수는 없다. 불평불만을 마음에 품고만 있으면 문제는 점점 어렵게 되는 것이다. 그럴 때면, 과거에 어떤 목표를 달성했던 자신의 사례에서 해결점을 찾아야 한다. 그래야 삶을 발전시켜 나갈 수 있다.

## 공격성

욕구불만은 사람을 공격적으로 만든다. 물론 방향만 바르다면 공격성은 결코 나쁜 것만은 아니다. 목표를 달성하기 위해서는 공격성이 필요하기도 한 것이다.

그러나 방향이 잘못된 공격은 욕구불만을 유발하며 패배의 악순환을 만든다. 그것은 명백한 실패의 징후다. 적당하지 못한 목표를 설정했기 때문이다.

어떤 사람이 공격적일 때, 방향을 잘못 잡으면 아무것에나 덤벼드는 미친개나 어둠 속에서 갑자기 튀어나오는 불꽃처럼 광포한 행동을 하게 된다. 이렇듯 욕구불만과 이러한 공격의 악순환에 빠진 사람들은 아무 죄 없는 사람들을 표적으로 삼게 되는 것이다. 이유 없이 주먹을 휘두르고, 아이들을 야단치며, 친구를 모함하고, 직장 동료들과 적이 된다. 사람들과의 관계가 악화되면서 욕구불만은 더해가고, 그에 따라 더욱더 분별없는 행동을 하게 되는 것이다.

이 같은 악순환의 종말은 어떻게 되는가? 비극뿐이다.

그렇다면 어떻게 해야 하는가? 그런 성질을 긍정적이고 바람직한 방향으로 사용하면 되는 것이다. 욕구불만을 해소할 수 있는 일, 만족감을 가져올 수 있는 일에 공격성을 발휘하여 성공에 도달하자는 것이다.

## 불안

불안하다는 감정도 정서가 조화를 이루지 못해서 생기는 것이다. 목표를 달성하지 못할 것 같을 때, 불안을 느끼게 되는 것이다. 그러나 그런 현상은 당신의 자질이 모자라기 때문에 생기는 것이 아니고, 목표의 수준을 너무 높이 잡았기 때문에 발생하는 것이다.

어떤 일을 하기 전 또는 하면서 불안을 느끼는 사람들 가운데 대단히 유능한 사람이 많은데, 그들은 실현 불가능한 것에 기대를 품고 생활하며, 언제나 자기 자신을 비판하는 경향이 있다.

그들의 실패는, 자신이 정말로 능력이 모자란다고 의심하니까 불안해지는 것이고, 그래서 실패를 자초하게 되는 것이다.

## 우유부단

이것은 어떤 결정을 내려야 하는 순간인데 끝없이 망설이는 경우다. 확신이 없으므로 결정 같은 것은 무조건 하지 않아야 안전하다고 믿고 있는 것이다. 어느 때 그는 적극적으로 찬스를 잡았는데, 그것이 잘못된 찬스임을 알았을 때 사람들로부터 받는 비판에는 안심한다. 예상과는 반대로 불리한 결과에도 안심하려 한다.

이런 유형의 사람들은 자기를 안전하다고 믿고 있는 것이 틀림없다. 그래서 잘못을 찾아낼 수가 없다. 어떤 중요한 결정이 필요한 때, 그는 그것을 생활 문제의 결정처럼 생각해 버린다.

만일 선택을 잘못하면 그 자신의 이상형을 망치는 것으로 알고 무서워한다. 그래서 그는 사소한 결정에도 오랫동안을 망설이며, 귀중한 시간을 걱정으로 보낸다. 그리고 겨우 마음을 정했을 때, 그 결정은 비뚤어진 것이 되고 실패를 불러오기 쉽다.

확신이 없는 사람들은 어떤 일에나 몸 전체로 뛰어드는 것을 겁내고, 발만 내밀다 말기 때문에 충실한 생활을 누릴 수 없는 것이다.

### 원한

실패형의 인간이 자기가 살아가는 방법에 대해 변명하려고 할 때, 밖으로는 '원한'으로 나타난다.

그는 실패의 고통을 참지 못하기 때문에 자책의 침을 찌를 대상을 찾고 있는 것이다. 그는 인생이 자기를 속이고 있다는 증거를 여러 곳에서 발견했기 때문에 모두에게 원한을 품지만, 실은 자기 자신을 속이고 있다는 사실은 모르고 있다.

그러나 그의 원한은 바로 실패를 불러오는 것이 아니고, 오히려 욕구불만이나 방향이 잘못된 공격과 함께 악순환을 만든다. 언제나 불평을 터뜨리고 원한을 품은 사람들은 다른 사람들의 반감을 사고 증오의 연쇄 반응을 일으키게 되는 것이다.

다른 사람은 그의 부정직함을 싫어하고 적의를 가지므로 자기 연민을 경멸한다. 그런데 만성적인 원한은 그 사람을 자기 연민으로 이끈다. 왜냐하면 원망하고 싶어 하는 사람은 자기가 어떤 잘못된 행위나 나쁜 존재에 의해 희생당한 사람으로 여겨지기 때문이다.

'나는 다른 사람들 때문에 내 열망을 펼 수 없었다.'

그는 이렇게 생각하면서 더욱더 자기 자신을 가엾게 여기고 더욱더 열등감을 가지면서 자기 자신을 미워하고, 다른 사람들의 모든 일과 세상을 원망하게 된다. 그는 자신의 그러한 한스러운 감정이 실패의 요소를 더욱 굳히고 있다는 것을 모르고 있다.

자신의 모든 행위와 목표 설정에 책임을 지고, 올바른 방향으로 목표를 잡아 공격성을 발휘할 때만이 실패의 악순환을 타파할 수가 있다.

자기 자신을 존중하고, 자기 자신의 실상을 파악할 때만이 실패 구조의 기본적 요소의 하나인 원한, 사고의 악습관을 타파할 수 있는 것이다.

## 공허감

우리는 이런 사람들을 알고 있는가?

확실히 성공했다고 보이는데, 욕구불만과 원한이 있고, 확신이 없으면서, 불안하고 고독한데다가, 거침없이 공격적인 사람들. 그런 사람은 진정한 성공의 바탕을 갖추지 않은 상태에서 성공했으며, 그런 '성공'은 진실한 성공이 아닌 것이다.

겉보기에 그들은 성공하고 있는 것처럼 보인다. 그러나 그들의 마음속은 공허감으로 가득 차 있을 것이다. 그것은 실패 구조가 남아 있는 그들의 진실하지 못한 성공으로 인해 창조적 생활의 내용이 결핍되어 있기 때문이다.

그들은 돈을 벌어도 그것으로 무엇을 해야 할지 모른다. 방방곡곡 여행을 다녀도 공허감에서 벗어날 수가 없다. 그들은 뉴욕이나 파리에서도 허무감을 느낀다. 아마도 화성에 간다고 해도 허무할 것이다.

그들은 창조적인 목적 달성을 포기한 것이다. 일을 피하고 책임을 떠난 것이다. 아침에 일어나 태양을 보며, 그날 하루를 어떻게 즐겁게 지낼 수 있을 것인가 궁리해 보지도 않는다. 그 대신 남아도는 시간을 어떻게 죽일 것인가를 고민한다.

공허감은 약한 자아상의 상징이다. 성공했다 하더라도 마음에 공허감을 품은 사람은, 가질 권리가 없는 것을 훔쳐낸 범죄자 같은 기분이 된다. 그래서 죄의식을 느끼고, 창조적 기능을 거절하므로 성공의 길을 실패로 이끈다. 그의 공허감은 언제나 그의 마음속에 숨어 있는 실패 구조의 종합 작용을 상징하고 있다.

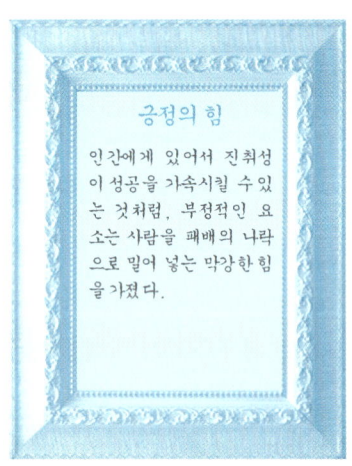

긍정의 힘

인간에게 있어서 진취성이 성공을 가속시킬 수 있는 것처럼, 부정적인 요소는 사람을 패배의 나락으로 밀어 넣는 막강한 힘을 가졌다.

# 날씨 맑음, 마음도 맑음

 자아상이 약하면, 잡념이 마음을 어지럽히게 된다. 당신이 거리를 산책하고 있다고 하자. 아주 기분이 좋은 날이다. 하늘은 새파랗게 드높고, 태양은 눈부시게 빛나고 있다. 그런데 거리에 사람이 너무나 많다. 그래서 산책하는 것이 슬슬 지겨워지게 된다. 그렇게 되면 자기 자신에게 이렇게 말하게 된다.

 "왜 이렇게 사람이 많은 거야? 나는 개미집 속에 있는 한 마리 개미 같잖아. 내 존재가 이 정도밖에 안 되나? 에이, 기분 나빠."

 그러고는 머릿속에서 온갖 고민이라든가 불만이 쳐들고 나타날 것이다. 그러면 당신은 산책이 조금도 즐겁지 않다.

살아가는 데 있어서 고민도 이런 식으로 일어난다. 뭔가 고민하기 시작하면 '군중 속의 한 사람에 불과한 나는 얼마나 무의미한 존재인가?' 하는 생각밖에 들지 않게 되는 것이다.

그러나 이런 상상력을 사용하는 방법은 그릇된 것이고, 자기 자신을 잘 이해하지도 못하면서 지나치게 깔보고 있는 것이다.

사람들은 모두 원하든 원치 않든 간에, 이 혼란스런 세상에서 수많은 잡념과 함께 생활할 수밖에 없다. 누구나 그런 것인데, 당신만 유독 자기의식을 잃는다면 그것은 어리석은 일일 뿐이다. 만일 그렇게 혼란스럽다면, 다음 과제들이 도움을 줄 것이다. 우선 과제에 도전한 다음에, 잡념을 가지거나 말거나 하는 것은 당신의 자유다.

## 성공했던 과거를 마음속에 그려본다.

별로 크게 성공한 것이 아니어도 좋다. 예를 들어 노래 한 곡의 가사를 다 외우는데 성공했을 때, 그것을 가능하면 총천연색으로 만들어 머릿속에 그려 올려보자.

사랑하는 사람 앞에서 그 노래를 멋지게 불러 보였을 모습을 생각하면, 당신은 즐거워질 것이다. 이 자기 만족의 감정을 확실히 포착하고, 거기에 초점을 맞춰보자.

이것은 자아상의 성공 부분을 재현하는 것이다. 실패한 부분은 잊어버리고 성공에만 집중하는 것이다.

이때 과장이나 자만은 금물이다. 그런 것은 열등감에 불과하다. 이렇게 해서 완성한 즐거운 모습을 마음속에 생생하게 유지한다면, 언제나 자기 자신에게 호감을 가질 수 있다.

### 행복했던 과거를 회상한다.

잡념을 갖지 말고, 그 대신 과거의 행복했던 때를 상기하자.

신혼부부는 첫아이를 낳을 때 얼마나 행복했는가? 가족과 친척들 그리고 주위에서 온통 축하해 주고, 직장 동료들에게 한턱 내고 이웃들을 불러 모아 잔치까지 벌이지 않았는가?

그때 당신의 마음속에 고민이라든가 불만이 있었는가? 구름 위에서 노닐고 감미로운 봄바람에 안긴 것처럼 마냥 행복하지 않았는가.

그때처럼 지금도 노력하기만 하면 행복해질 수 있다.

지금 고민을 하고 불만을 터뜨리는 것이 응석을 부리는 것이라고 생각하지는 않는가. 과거의 행복했던 시절을 자꾸 되뇌면서 당신은 자아상을 강화시킬 수 있다.

### 여유로운 마음으로 산책을 즐긴다.

산책이란 몸과 마음에 모두 좋은 것이다.

산책을 하면서 우선 생각해야 할 것은 운동이다. 지나치지만 않으면, 운동이란 사람에게 느긋하고, 여유롭고, 활기찬 마음을 가져다준다.

그런 마음을 가지고 자기 자신이 성공하는 모습을 떠올려보자. 그리고 자신감을 가지고, 그날의 목표라든가 아니면 바로 목표를 정하도록 하자.

당신이 하고 싶은 것 그리고 할 수 있는 것을 생각하자. 그러면서 어떻게 하면 그것을 향해 한 걸음이라도 다가갈 수 있을지를 생각해 보자.

계획을 세우고, 현실적인 장애물을 예측하고, 자신 없다고 포기 할지도 모를 경우에도 대비해 두자.

계획된 목표는 지금의 당신에게 현실적인 것인가? 만일 그렇지 않다면, 그 목표에 도달할 수 있을 때까지 손을 대지 않는 편이 좋다. 그러나 그 목표를 기필코 달성하고 싶고 또 준비도 되어 있다고 생각한다면, 영원히 오지 않을지도 모를 내일까지 기다려서는 안 된다.

그리고 위의 과제들을 그날그날의 목표로 삼자. 그것들은 더욱 창조적으로 살고자 하는 당신에게 반드시 유익함을 안겨줄 것이다.

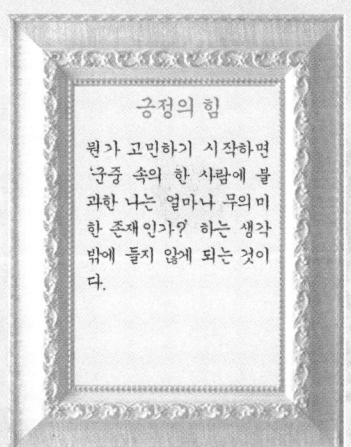

### 긍정의 힘

뭔가 고민하기 시작하면 '군중 속의 한 사람에 불과한 나는 얼마나 무의미한 존재인가?' 하는 생각밖에 들지 않게 되는 것이다.

# 나를 빛나게 하는 것

 사람은 역경에 처했을지라도 자기 자신을 포기하지 않고, 항상 그것을 극복하려고 노력한다. 굳은 신념을 가지고, 타인의 의견에 대해 신경 쓰지 않고 전진하는 사람은 생을 버리고 스스로 암흑의 땅굴 속에 틀어박히는 일은 없을 것이다.
 그런가 하면 매우 대조적인 사람들도 있다. 자기 스스로 역경을 헤치고 나올 힘을 갖지 못한 사람이다.
 사춘기에 접어든 한 소녀가 그랬다.
 그 소녀는 손재주가 없어서 피아노를 제대로 치지 못했다. 그것은 소녀의 잘못된 성격이기도 하지만, 부모의 그릇된 교육에도 문제가 많았다. 소녀가 어려서 피아노를 배울 때부터 이렇게 말하곤 했다.

"너는 정말 손재주가 없어서 큰일이야."

말하자면, 부모의 그런 말이 은연중에 주입되어서 소녀는 자기 자신이 피아노 따위는 칠 수 없는 아이라고 믿고 있었다. 그러면서 손으로 하는 일은 제대로 하는 것이 없었다. 소녀는 이렇게 비관했을 것이었다.

'난 왜 이렇게 손재주가 없을까? 정말 한심하기 짝이 없어.'

소녀의 부정적 시각은 사춘기가 다 가도록 계속됐고, 마침내 부정적 강박관념에 사로잡혀 모든 일에 대해서 제대로 하는 것이 하나도 없었던 것이다. 자책하는 마음은 그녀의 가슴을 계속 찔러댔다. 무슨 일을 하든지 간에 그녀의 마음속에는 맨 먼저 공포가 자리 잡고는 했다.

그러다 그녀는 필자를 만나게 되었는데, 내가 그녀에게 해준 말은 별것이 아니었다. 그저 자신을 가장 잘 아는 사람은 자기 자신이며, 부모도 오류를 범할 수 있다는 것, 남의 말을 너무 맹신해서는 안 된다는 것, 그리고 자기 확신을 가지고 모든 일에 대해서 긍정적으로 받아들이면 소망을 이룰 수 있다고 얘기해 주었을 뿐이었다.

그녀는 내 말을 받아들이며, 부정적인 사고에서 긍정적인 사고로 바뀌었으며 삶의 많은 변화를 갖게 되었다. 어른이 된 그 소녀는 피아노를 아주 잘 치게 됐으며, 요리는 물론 무슨 일이든 자신을 가지고 잘할 수 있게 되었다.

또 한 사람은 내 아내 친구의 아들이다.

그 아이는 사춘기 때부터 불량한 친구들과 어울리며 언제나 주머니에 칼을 넣고 다녔다. 그리고 학교에서 항상 말썽만 일으키는 문제아였다.

나는 그 아이가 15세 때에 만났는데 이렇게 말해 주었다.

"너는 네 자신을 어떤 인간이라고 생각하니? 너는 아마 네 자신을 형편없고, 앞으로 가망이 없는 애라고 생각하겠지? 하지만 내가 보기에 너는 성공할 가능성이 많은 아이야. 네가 다른 친구들을 괴롭히거나 문제를 일으킬 때 증오심을 갖고 있는 것을 보면 알 수 있거든.

증오심이라는 건 다른 말로 하면 오기인데, 오기라는 것은 남에게 지기 싫어하는 마음 같은 것이야. 그게 쌓이면 성공하는 것이지. 그런데 정말 네가 성공하고 싶다면 고칠 것이 한 가지 있어. 그건 증오심이야. 증오심은 날카로운 칼과 같아서 잘 쓰면 사람에게 이롭지만 잘못 쓰면 사람을 해치는데, 때론 자기 자신조차 해치게 되거든. 그걸 참고 삭히지 않으면 안 돼."

그러나 내 말을 듣고 있는 그 아이의 눈에는 불신과 불만이 가득 담겨 있었다.

그 아이가 내 말을 이해하기까지는 상당히 오랜 시간이 걸렸다. 결국 그 아이는 지금 어엿한 사회인으로서 결혼하여 잘살고 있는데, 이런 아이들의 인생에 획기적인 계기가 찾아오는 경우는 매우 드물다. 왜냐하면 자기 자신에 대해 희망에 대한 기대를 체념하고 지냈기 때문이다.

그런데 문제는 사람들의 정신적 건강을 해치는 이런 고통이 자기 자신에게서 비롯된다는 것이다. 사람들은 그릇된 판단을 자기 자신에게 강요하고, 그 성 안에 틀어박힌 채 나오려고 하지 않는 경향이 있기 때문이다. 나는 그런 경우를 수없이 보아왔다.

나에게는 그런 성벽을 허무는 것이 무한한 기쁨이다. 나는 그들에게 자기 자신을 더욱 뛰어난 존재라고 생각하게 하며, 사실은 자기 자신에 관해 믿고 있는 것 중 극히 일부만 진실이라는 것을 깨닫게 해준다. 그러면 내 목적은 달성된다.

그럼으로써 사람들은 활기를 되찾으며, 생활 속에서 미소를 짓기 시작한다. 어두운 마음의 동굴에서 뛰쳐나와 스스로 발견한 바깥 세계를 향해 나가는 것이다. 그 바깥 세계는 문제가 많긴 하지만 어두운 세계보다는 훨씬 살기 좋은 장소이다.

사람이 모든 일에 대해서 긍정적으로 생각하며 살아가기는 힘든 일이다. 그러나 결코 불가능한 일도 아닌 것이다.

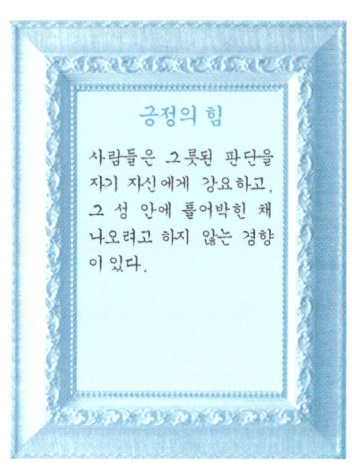

긍정의 힘

사람들은 그릇된 판단을 자기 자신에게 강요하고, 그 성 안에 틀어박힌 채 나오려고 하지 않는 경향이 있다.

# 최고의 친구

 흔히 개는 인간에게 충직한 벗이라고 말한다. 그러나 필자는 이 같은 격언이 무조건 옳다고 생각지 않는다. 나는 개를 매우 좋아하지만, 개라는 동물은 길을 잘 들여놓지 않으면 절대로 좋은 벗이 될 수 없다는 걸 알기 때문이다.

 그렇다면 인간에게 가장 좋은 벗은 누구인가. 바로 자기 자신이다. 어떤 사람이 자기 자신을 훌륭한 인간이라고 생각한다면 만족감을 느끼게 될 테지만, 그렇게 생각지 않는다면 스스로 자기 자신을 쓸모없게 만들기 때문이다.

 우리 주변의 동네친구, 학교친구, 사회친구 등은 나에게 정말 가치 있는 친구일지도 모른다. 친구들은 서로를 좋아하고 위기에 빠진 나를 구출해 줄지도 모른다.

하지만 그 친구들이 내 인생을 대신 살아줄 수는 없다. 어떤 어려움에 부딪혔을 때, 그들은 나에게 중요한 조언을 해주거나 적극적으로 뛰어들어 해결에 큰 도움을 줄 수는 있을지 모르지만, 어디까지나 그 주인공은 내 자신이며 책임져야 하는 것도 내 자신인 것이다.

친구들은 기쁨이나 슬픔을 서로 나누어 가질 수는 있겠지만 절대로 내 자신만큼은 아닐 것이며, 내가 직업을 선택하는 데 조언을 해줄 수는 있을지 몰라도 그 실패에 대한 책임은 져주지 않는다. 따라서 최고의 벗은 바로 내 자신이다.

우리는 그런 내 자신을 잘 가꾸지 않으면 안 된다.

다시 말하면, 자신의 이상을 긍정적인 방향으로 확립하고 있어야 한다는 것이다. 자아상이 확고해야 우리가 살아가는 데 필요한 안정감을 얻을 수 있다.

만일 내 자신의 모습에 만족하고 호감이 가는 바람직한 인간이라고 생각하면, 안정감을 갖고 삶을 영위할 수 있을 것이다. 사람의 힘으로 어떻게 할 수 없는 문제라든가, 우리의 희망과는 정반대의 상황이 벌어지더라도 지킬 수 있는 것이다.

### 긍정의 힘

가장 좋은 벗은 누구인가. 바로 자기 자신이다. 어떤 사람이 자기 자신을 훌륭한 인간이라고 생각한다면 만족을 얻게 되겠지만, 그렇게 생각지 않는다면 스스로 자기 자신을 쓸모없게 만들기 때문이다.

# 자신을 믿어라

당신은 이런 질문을 할지도 모르겠다.

"이미 나는 불안한 상태에 직면해 있는데 어떻게 그것을 막아낸단 말인가?"

당신은 필자의 이론이 현실적이지 못하다고 항의할지도 모른다. 그러나 필자는 내 이론이 옳다는 것을 확신한다.

여기에서 당신에게 하나의 얘기를 해두고 싶다. 우선 당신의 마음속에 다음과 같은 장면을 상상해서 그려주기 바란다.

체격이 좋은 중년남성이 길을 걷고 있다. 어딘가를 가기 위해 서둘러 지하철 입구를 향해 걸어가는 그는 뭔가 잔뜩 즐거운 것을 기대하고 있는 얼굴이다. 그런데 지하철 입구에 거의 다다랐을 때, 갑자기 트럭 한 대가 인도로 뛰어들어 그 남자를 들이받는다. 그 남자는 쓰러지고, 주위의 여러 사람들이 구조를 하려 했지만 이미 그 남자는 숨을 거두게 된다.

자, 이제는 장면을 대학병원의 로비로 바꾼다.

로비에서 흰 가운을 입은 한 젊은 남자가 왔다 갔다 한다. 그는 인턴이 된 지 얼마 안 되는데, 인턴 유니폼을 처음으로 아버지에게 보이기 위해 기다리고 있었다. 그는 자기 모습이 자랑스러워 만족해하고 있었다. 그런데 시간이 흐를수록 마음이 조금씩 초조해진다.

이윽고 그는 전화를 건다.

"여보세요!"

그가 입을 연다. 갑자기 그의 얼굴이 굳어지고 새파랗게 질리더니 눈물이 뺨을 적신다. 아버지가 교통사고로 사망했다는 소식을 전해들은 것이다. 그는 전화를 끊고 터벅터벅 걸어가고 있지만 눈앞이 캄캄해서 아무것도 보이지 않아 무엇인가 걸려 넘어진다. 그는 다시 일어나서 조용한 곳으로 가 소리 없이 흐느꼈다.

필자가 바로 그 인턴이었다. 그리고 죽은 남자는 내 아버지였다.

나는 이 사고가 있은 뒤, 내 인생이 끝났다고 생각했다. 아버지를 잃은 충격에서 회복될 것 같지도 않았으며, 사고에 대한 공포심에 사로잡혔다. 식음을 전폐하다시피 했고 밤잠도 제대로 자지 못했다. 그리고 외출을 기피하게 되었고, 사람들과 만나는 것이 두렵고 싫어졌다. 그런 세월이 몇 개월이나 지속되며 정신적으로 자살을 한 것이었다.

그러던 어느 날, 나는 생활을 영위해야 하고 그러기 위해서는 일을 계속하지 않으면 안 된다는 사실을 깨달았다. 아버지에게 의사가 된 내 모습을 직접 보여 드리지는 못했지만, 아버지가 나 때문에 고생을 감당한 세월이 결코 보람 없는 것은 아니었다는 것을 꼭 입증해야 한다는 생각이었다.

나는 기나긴 방황 속에서 내 생활로 돌아왔다. 친구들을 다시 만나기 시작했고, 웃음이 가득한 얼굴을 남에게 보여줄 수 있게 되었다. 사방으로 흩어진 나의 모습을 주워 모아 본연의 모습으로 돌아온 것이다. 정신적 자살을 포기하고 다시 하루하루를 살아가기 시작한 것이다.

우리는 어떠한 불행한 사태나 불안정한 상태에 내던져질지라도 스스로가 스스로를 부축하여 일어나게 해야 한다.

그럴 때 필요한 것이 바로 '자아상'이다. 어떤 스트레스를 받아도 기세 좋게 일어나서 힘차게 발을 내디딜 수 있도록 만들어 주는 것이 자아상인 것이다.

우리의 자아상은 형태도 없는 것이지만, 살면서 부딪치게 되는 갖가지 불안정한 것을 물리칠 수 있는 것은 자신의 의지인 것이다.

메이저 골프대회에서 많은 우승을 했던 벤 호건을 생각해 보자. 호건은 챔피언이었을 때, 자동차 사고로 크게 다쳐서 골퍼로서는 생명이 완전히 끊긴 상태였다. 사람들은 누구나 그가 골프 일인자는커녕 골프채를 다시 잡지도 못할 것이라고 확신했다.

아마도 당신이 호건 같은 사고를 당했다면 당신의 인생이 끝났다고 생각할 것이 틀림없다. 하지만 벤 호건은 굳은 신념을 갖고 노력했다. 자기 자신은 힘든 난관을 돌파할 수 있으리라고 굳게 믿고 있었던 것이다. 그는 뼈를 깎는 고통을 감수하면서 노력한 결과 마침내 필드로 복귀하여 다시 챔피언의 자리를 되찾을 수 있었다.

또 다른 일화로 당신이 프로 축구선수인 제리 클래머였다면 아직도 축구를 계속하고 있을까?

클래머는 격렬한 시합에서 척추를 다치고 복사뼈마저 부서져서 수술을 받았다. 그런데다가 3주일 후에는 부서진 큰 뼛조각이 몸속으로 뚫고 들어가 창자까지 다쳤다. 그러나 그는 역경을 딛고 결국 축구선수로 복귀했다.

그 후에도 그는 망막을 다치고 사냥총 사고로 부상을 당했지만, 마치 고성능 탱크처럼 굉장히 무서운 플레이를 보였다.

또 그는 시속 100마일로 질주하는 차 속에서 밖으로 떨어지는 일도 있었다. 차는 나무에 충돌한 다음 클래머를 덮치면서 폭발했다. 그러나 클래머는 항상 두 발을 대지 위에 딛고 힘차게 섰으며, 조금도 두려워하지 않고 새로운 체험에 대비하곤 했다.

그는 체중이 250파운드나 되고 온몸이 울퉁불퉁한 근육으로 뭉쳐 있었다. 그러나 그는 그 이상의 강인한 것을 갖고 있었다. 그것은 자기 자신에 대한 신뢰감이었다.

# 거울 속의 나

우리는 매일같이 세수를 하고 수염을 깎거나, 화장을 하고, 얼굴을 거울에 비추어 볼 기회가 하루에도 몇 번씩 있을 것이다.

이때 거울은 깨진 것이든 흐린 것이든, 큰 것이든 값싼 것이든 상관없이 자신의 모습을 볼 수 있을 것이다.

우선 자신의 얼굴을 차분히 보자. 바쁜 일이 당신 뒤에 산더미같이 쌓여 있다 하더라도, 거울 앞에 잠시 우두커니 서서 자신의 몸을 바라보라는 것이다.

우스운 일이라고 무시하면 안 된다. 머리를 빗는다든지 손을 씻은 후 길게도 말고 딱 2~3분 동안이면 된다.

당신은 거울 속의 자기 자신을 보면서 진정한 나의 모습을 발견하게 된다. 물론 처음부터 그렇게 되지는 않는다. 만일 당신이 좋지 않은 상황에 처해 있다면, 아마도 당신은 거울 속에서 자신을 위협하는 사람들의 얼굴을 맨 먼저 보게 될지도 모른다.

그것은 당신의 웃어른일 수도 있고, 당신을 제치려고 하는 경쟁 상대, 또는 주차 위반 같은 사소한 교통법 위반 때문에 당신에게 죄의식을 느끼게 하는 경찰관의 얼굴일 수도 있다. 그것은 당신이 공포나 불안, 절망 때문에 자아상을 보지 못하고 있기 때문이다. 그러나 횟수가 늘어갈수록 당신은 거울 속에 나타난 자신의 모습 안에 자리하고 있는 내면의 참모습을 조금씩 발견하게 된다.

그러나 분명히 해두고 넘어가야 할 문제는, 이것은 자기애自己愛를 키우는 것이 목적이 아니라는 사실이다. 왜냐하면 그럴 경우 그것은 자기도취 강화에 지나지 않는 것이고, 그것은 자신을 상처 내게 하는 일이 될 뿐이기 때문이다.

당신은 거울 속의 자신을 향해 '나는 완전하고, 다른 사람보다 훌륭하다.'고 들려주어서는 안 된다. 그런 행동은 당신 자신을 비뚤어지게 만들고, 남에게 비웃음을 살 뿐이다.

이 거울 주시는 이것저것 정신없는 생활의 흐름 속에서 자신의 육체상肉體像을 구출하는 방법이다. 당신은 육체상을 되찾음으로써 자신의 정서상情緒像을 소생케 하고, 그것들을 현실적으로 연결시킴으로써 자기 자신의 합성상合成像을 만들어야 한다. 그러면서 당신은 창조적 생활을 통해 자기 자신이라든가 다른 사람들을 위해 최선을 다하는 인간이 될 수 있다.

그런데 그렇다고 하여 자기도취와 정반대되는 것에도 빠져서는 안 된다. 즉 파괴적인 자기비판에 빠져들어 가서는 안 된다는 것이다. 당신의 생김새는 자신을 완전히 만족시키지는 못하겠지만, 완전함 같은 것은 기대할 만한 것이 못 된다. 그냥 있는 그대로를 받아들이는 것이 바람직한 일이다.

거울 주시의 목적은 자기 발견, 혹은 자기 재발견이다. 짓누르는 불안과 긴장에서 당신을 해방시키고 유아적인 공포를 떨쳐버린 다음, 자신의 얼굴을 잠시 바라보는 것이다. 당신의 얼굴이 비록 경험 많고 성공한 사람의 얼굴이 아닐지라도, 그렇게 함으로써 성공으로 가는 길 위에 첫발을 내디디게 되는 것이다.

당신은 거울에 비친 자신의 얼굴 뒤에 있는 인간을 보고, 그의 진면목을 간파해야 한다. 그렇게 함으로써 당신은 생동감 있는 자기 자신의 상을 유지할 수 있게 되는 것이다.

지구 궤도에 쏘아 올려진 인공위성은 며칠이고 계속해서 지구의 둘레를 돌고 있다. 그런 것처럼 당신의 일상생활은 자아상의 인력에 묶여 있다. 그래서 당신이 새로운 사람들과 접하게 된다든지 새로운 상황 속에 빠져 위험해졌다 하더라도, 자신의 자아상이 강력하다면 그곳은 당신의 집같이 느껴질 것이다. 그러나 자신의 자아상이 빈약한 것이라면, 당신은 사람들의 의견에 그저 순응만 하게 됨으로써 맥없이 물러서게 될 것이다.

우리는 하나의 우주이다. 그리고 당신의 마음은 '내우주內宇宙'이다. 이 내우주를 탐험하고 파악해야 하는 것은 당연히 자기 자신의 임무이다. 그것은 자신을 현실적이고 육체적이며 정서적으로 응시하는 것이다. 그리고 당신은 이제까지 일상생활에서 가졌던 성공의 체험을 꺼내어, 그것이 자신의 몸과 마음의 일부가 될 때까지 수없이 되풀이하여 회상하는 일이다.

매일 자신의 몸을 바라보고, 마음속을 들여다보아 자아상을 강화시킴으로써 항상 마음속의 '내우주'를 강화하는 데 힘써야 한다.

당신은 10부터 0까지 거꾸로 센 다음, 자신의 이름을 부르며 이렇게 물어보자.

"○○○ 씨, 오늘은 기분이 어떻습니까?"

당신은 과거로 되돌아가면 안 된다. 특히 과거의 실수라든가 실패를 자꾸 떠올리는 것은 절대 금물이다. 그런 과거는 가차 없이 잘라서 시간의 궤도에 던져버리도록 해야 한다.

거울을 들여다보면서 자기 자신에게 이렇게 타일러야 한다.

'앞으로 나가자! 다른 사람의 의견에 질질 끌려 다니는 바보짓은 하지 않을 것이다!'

이렇게 매일 거울 앞에서 몇 분 동안 자기 자신에게 접근하는 방법을 계속한다면, 당신은 풍요로운 생활을 가꾸는 데 필요한 자아상을 키워나갈 수 있을 것이다.

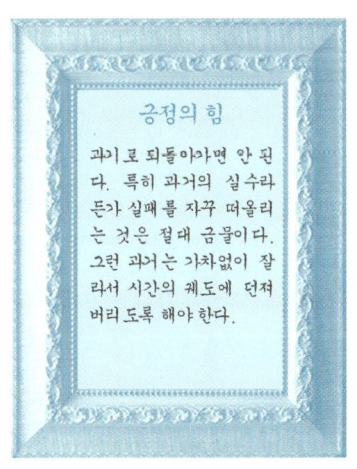

# 오늘 최선을 다하자

 우리는 정신적으로 안정될 필요가 있다. 바깥 세계는 항상 위험하기 때문이다. 만일 당신이 '자아'에 대한 지각知覺을 강화시킨다면 어떤 위험 속에서도 오랫동안 살아남아 있을 것이다.

 여성의 경우는 어떠할까? 여성은 임신할 때마다 어머니로서 책임을 짊어지고, 또 불안감에 휩싸인다. 내 아이는 어떤 아이일까? 얼굴은 어떻게 생겼을까? 몸에 이상은 없을까? 사내아이일까, 계집아이일까? 아빠를 닮았을까, 엄마인 나를 닮았을까? 아이를 낳으면 우리 생활은 어떻게 변할까?

 오래전, 50세의 소설가인 여자 친구가 자동차 사고를 당한 적이 있었다. 그녀는 사고를 당한 후 사람이 완전히 바뀌어버렸다. 사람 만나기를 기피하면서 병적으로 침울해진 것이다. 필자는 그녀에게 이렇게 말했다.

"잘 들어봐, 너는 지금 너의 굴레 속에 틀어박혀 있어. 다시 말하면, 담 위에서 어디로 가야 할지 오락가락하는 거지. 그런데 언제까지 거기에만 있을 거야? 결국 어느 쪽인가로 뛰어 내려올 거 아냐? 그렇다면 어느 쪽이 너한테 창조적이고 적극적이고 쓸모 있는 쪽인지 잘 판단해서 당장 뛰어 내려오길 바랄게. 물론 너한테 그게 쉬운 일이 아닐 거라는 걸 알아. 하지만 어쨌든 결정해야 하잖아? 그렇다면 당장 결정해. 그러지 않으면 안 돼."

그녀는 그렇게 해서 다시 자기 자신을 되찾을 수가 있었다. 그리고 그녀는 다시 소설을 쓰게 되었다. 필자는 그렇게 어려운 고비를 잘 넘긴 그녀에게 칭찬을 아낌없이 보내고 싶다.

필자가 콜로라도의 덴버에서 강연했을 때, 강연이 끝난 다음에 70세쯤 된 노인 한 분이 찾아왔다.

"박사님 말씀은 매우 유익한 얘기였습니다. 하지만 그건 젊은이들한테나 해당되는 것이고, 나 같은 자투리인생한테는 별로 도움이 안 되는 것이었습니다. 황혼인 나한테 그런 말씀이 무슨 소용이 되겠습니까?"

필자는 그 노인에게 이렇게 대답했다.

"자투리인생이라고 하면, 70세이거나 7세이거나 인간은 모두 자투리인생이 아닐까요? 문제는 인생을 어떻게 보느냐는 것입니다. 인생은 하루하루가 쌓여서 되는 것인 만큼, 그 하루하루의 생활을 알차게 보내면 되는 겁니다.

따라서 어르신은 과거의 실패라든가, 실망이라든가, 미래에 대한 불안을 잊어버리고 성실한 나날을 보내지 않으면 안 됩니다. 그것이 생활이라고 하는 거죠.

당장 지금부터 생활을 시작해 주세요. 그리고 최선을 다한 다음 그 결과를 받아들이는 겁니다. 어르신에게는 생활을 체념한다든가 하는 따위의 권리는 없습니다."

그렇다. 인생의 끝이 얼마가 남았던 간에 중요한 것은 오늘이다. 오늘을 충실히 살아야 한다. 그렇게 하는 것만이 심적으로 안정되는 길이다.

To.

From.

# chapter

# 3

# 오늘과 다른
# 내일을 원한다면

자기 평가는 타당한 것이어야 하고, 주위 사람들이 인정할 수 있는 것이어야만 한다. 그런 다음에 자기 자신을 항상 최고 상태에 있도록 힘쓰며, 그 상태를 더욱 지속시키고 확대시키는 노력을 하지 않으면 안 된다.

# 창조적 생활

 유쾌하게 생활하기 위해 자신의 행복을 찾아야만 한다. 우리는 하와이뿐만 아니라 로마, 파리, 하와이, 북경 등 어디든지 갈 수 있다. 물론 그 사실 자체도 의미가 있을지 모른다. 그러나 근본적으로 중요한 문제는 당신의 마음가짐이다. 우리가 어디에 있든지 간에 행복하고 유쾌하게 생활하려는 마음이 가장 중요하다는 것이다.

 하와이나 로마가 나뿐 아니라 우리 모두에게 행복을 안겨줄 것인가? 우리 머릿속에는 회사 일이 산더미처럼 쌓여 있는데, 하와이나 로마가 우리를 무턱대고 유쾌하게 해줄 것 같은가?

 중요한 것은 당신이 어디에 있든지 간에 당신 스스로가 유쾌한 생활을 하고자 하는 기본자세가 되어 있는지, 그런 생활을 추구하고자 하는 의지가 확실히 있는지가 문제인 것이다.

그런 의지만 있다면 당신은 어디에 있든지, 심지어 외딴 섬에 있더라도 즐겁고 유쾌한 생활을 할 수 있을 것이다.

자신의 내면을 강화시키고, 용기를 내어 성공하고자 하는 의지를 실천에 옮긴다면 당신은 얼마든지 유쾌하고 즐거운 생활을 창조할 수 있다.

그러나 자기 자신이 행복해질 수 있다는 것을 믿지 않는 사람들이 많다. 그들은 자신에게 행복해질 권리가 있다고 생각하지 않고, 과거를 되뇌며 자신의 현실만을 한탄하며 열을 내고 있다.

'그때 돈만 있었더라면…… 만일 사고가 일어나지 않았다면…… 그때 그 사람이랑 결혼을 했더라면…….'

그런 사람들은 과거의 실패를 언제나 머리에 이고, 고통의 늪에 빠져 허우적거린다. 그리고 그들은 이 세상에서 자기만큼 고통을 받는 사람은 없다고 굳게 믿으며 산다.

그러나 과연 그럴까? 인간이라면 아무리 행복한 사람이라 하더라도 누구나가 고통을 가지고 있으며, 허덕이고 있는 것이다. 다만 성공한 사람들의 다른 점은, 전진을 계속하는 것으로써 고통을 즐거움으로 바꾸고 있다는 것이다.

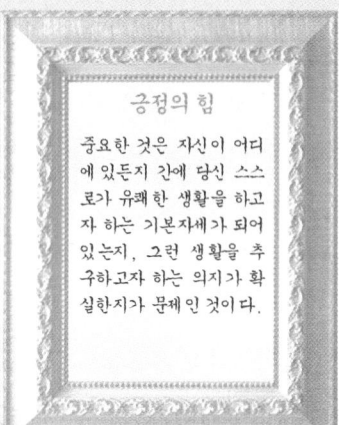

### 긍정의 힘

중요한 것은 자신이 어디에 있든지 간에 당신 스스로가 유쾌한 생활을 하고자 하는 기본자세가 되어 있는지, 그런 생활을 추구하고자 하는 의지가 확실한지가 문제인 것이다.

# 고정관념의 늪

우리에게 성공의 길을 막고 있는 잘못된 관념에서 깨어나는 것보다 중요한 목표는 없다. 왜냐하면 고정관념이 우리를 실패의 늪에 빠뜨리는 것이라고 하면 어떤 목표이건 전혀 의의가 없기 때문이다.

만일 그렇다면 당신은 무엇을 달성할 수 있겠는가? 당신이 할 수 있는 것은 실의의 늪에 빠져 모든 목표를 포기하는 길뿐이다. 다른 사람들이 넓은 세상에 뛰어나가 생활할 때, 당신의 생명은 빛을 잃고 어두운 방 안에 틀어박혀 있게 되는 것이다.

창조적 생활을 하려면, 우리는 부정적 관념의 최면 상태에서

풀려나야 한다. '최면을 푼다.'라는 말은 과장된 것이 아니다. 왜냐하면 사람들은 대개 어지간한 일에는 끄떡도 않는 고정관념에 마음을 빼앗기고 있기 때문이다.

   이러한 잘못된 신념이 불행한 경험과 어리석은 지식에 힘입어 열등감을 점점 공고하게 형성한다. 그 결과는 아주 비참한 것이다.

   당신은 '지금까지 가치 있는 일은 아무것도 하지 않았고, 앞으로도 할 것 같지도 않은 쓸모없는 인간이므로 내 인생은 틀렸다.'고 믿고 있는가? 잘못을 저질렀을 때, 그것 때문에 고생해야 한다고 생각하는가? 사랑하는 사람이 떠나갔으므로 살아가는 것이 무의미하다고 생각하는가? 원자력 시대이니까, 항상 핵에 대한 공포 속에서 불안한 하루하루를 살아야 한다고 믿고 있는가?

   만일 그렇다면 당신의 고정관념은 잘못된 것이다. 자신이 비극의 주인공이라는 부정적인 생각으로 자기 자신에게 최면을 걸고 있다는 것을 알아야 한다. 옳지 않은 관념으로 자신을 괴롭히고 있는 것이다. 최악의 적을 절친한 친구로 생각하는 오류를 범하고 있는 것이다.

   정치적 성향이라든가 건강상태, 주식의 움직임, 또는 다른 사람을 평가하는 일 등에는 완전히 객관적인 태도를 유지할 줄 아는 사람들도 자기 자신의 불합리한 관념에 대해서는 거의 의심도 하지 않고 추종한다. 그뿐만 아니라 그들은 타인에게는 동정을 보내면서도 자기 자신에 대해서만은 몹시 무자비한 태도를 취한다.

타인의 사고방식을 보면 우습고 어리석어 보이는데, 왜 정작 자신은 고정관념에서 벗어나지 못하고 어리석다는 생각은 하지 못하는가?

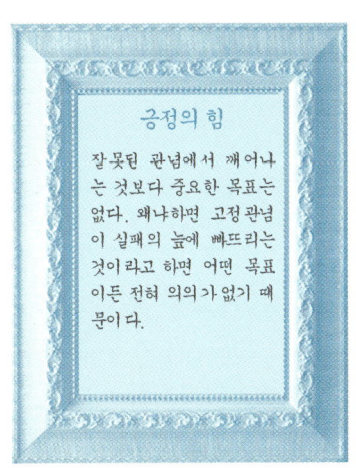

긍정의 힘

잘못된 관념에서 깨어나는 것보다 중요한 목표는 없다. 왜냐하면 고정관념이 실패의 늪에 빠뜨리는 것이라고 하면 어떤 목표이든 전혀 의의가 없기 때문이다.

# 이 세상에서 단 하나

식사를 하고, 회사 출근을 하고, 쇼핑을 하는 따위의 일은 우리가 아무 의심도 없이 행하는 습관에 속한다. 마찬가지로, 우리는 어떤 일을 늘 똑같은 사고방식으로 처리하려는 경향이 있다. 그 일에 적합하지 않은 방식인데도 무비판적으로 행하고 있는 것이다.

예를 들면, 활기찬 생활에 대한 얘기가 그런 경우다. 사람들은 '활기찬 생활을 하자.'고 말하면, 그런 일을 생각하는데 시간을 할애하는 것조차 어리석은 일이라고 여긴다. 그러나 그런 계획을 세우는 일 자체가 우리 인생을 활기차게 만들어 주는 것이다.

네 발로 걷던 동물에서 두 발로 걷게 되고, 마침내 오랜 시간의 진화를 거쳐 오늘의 인간에 다다를 때까지, 우리 인간은 가치 있는 목표를 달성하기 위해 끊임없이 노력해 왔다. 어떤 목표를 세웠을 때, 그것은 결코 우연히 달성될 수 없는 것이다.

현재 개인병원을 운영하며 성업 중인 어떤 의사는 42세인데, 학창시절부터 의사를 목표로 삼아 피나는 노력을 해 왔다고 했다. 필자가 아는 어느 변호사도, 물리학자도 마찬가지다. 그들은 일찍이 자신의 꿈을 갖고 목표를 설정하고, 어렸을 때부터 끝없는 노력 끝에 마침내 그 대가를 충분히 받으며 살아가고 있는 것이다.

이 세상에서 비교할 사람이 없을 만큼 위대한 발명가 토머스 에디슨도 겨우 6세 때에 실험을 시작했고, 도널드 오콘너와 같은 위대한 배우도 어린 시절부터 연기를 시작하여 오늘날의 자기 재능에 이른 것이다.

우리가 학창시절, 또는 사회 초년생 때, 아이를 키울 때, 사회적으로 성공했을 때, 획기적인 변혁을 꾀할 때 등, 그 어떠한 때라도 미리 설계하고 실천한다면 분명 우리는 자신이 가진 능력을 넘어서서 그 결과에 대해 만족하게 되고, 그 세월 또한 값진 것이 될 것이다.

생활 설계를 하는데 있어서 우리가 본질적으로 가져야 하는 것은 자신이 '이 세상에서 사는 하나의 인간'이라는 신념이다. 이 신념을 강화시켜, 생활하면서 부딪히게 되는 온갖 장애 요인의 도전에 두려워하지 않고 과감히 응전해서 충실한 나날을 보내야 한다.

우리가 어린 시절부터 노년에 이를 때까지 일관되게 추구하는 목표가 있다면 그것은 '자아상의 확립'일 것이다. 사춘기에는 성인이 된다는 것을 왠지 모르게 두려워하면서 자아상을 탐구하고, 성인이 된 다음에는 허위에 속지 않고 현명해지기 위해 자아상을 강화시킨다. 그리고 현명해진 다음에는, 노년에 이르러서도 안이하고 편안한 세월을 구가하는 대신에 더욱 원숙해지기 위해서 자아상 확립에 노력을 기울인다.

인간은 누구나 하루하루를 성실하게 생활하지 않으면 안 된다는 점을 알아야 한다. 현재의 하루하루가 중요한 것이며, 어제의 실패는 이미 과거 속으로 흘려보내야 하는 것이다. 불안하고 회한에 찬 감정은 과거로 날려버리고 자신을 어떠한 생활에도 충분히 견딜 수 있는 인간이라고 스스로 인정할 수 있게 되면, 사람에게는 나이가 문제 되지 않는다.

이것은 그 어렵고 복잡한 인생 문제를 단순화시키는 것이 결코 아니다. 사실 인생의 온갖 잘못 가운데는, 단순한 문제를 너무 복잡하게 생각하는 데서 오는 경우가 적지 않기 때문이다.

당신은 현실 속의 자기 자신을 그대로 받아들여야만 한다. 이것이 기본이다. 그렇다고 당신이 얼마나 훌륭하고, 얼마만큼 다른 사람보다 뛰어난지 끊임없이 자신에게 일러주어야 한다고 권하는 것은 아니다. 자기도취는 그 사람을 현실로부터 도피시켜, 다시금 환각의 세계에 빠져 들어가게 하기 때문이다.

자기 평가는 타당한 것이어야 하고, 주위 사람들이 인정할 수 있는 것이어야만 한다. 그런 다음에 자기 자신을 항상 최고 상태에 있도록 힘쓰며, 그 상태를 더욱 지속시키고 확대시키는 노력을 해야 한다.

자기 자신을 파악하는 일은 가능하다면 생활로부터 도피할 필요가 없는 시기인 젊었을 때에 하는 것이 바람직하다. 그때라면 자신이 완전한 인간이 아니라는 것을 깨닫더라도 뒷걸음치지 않을 것이고, 현실 생활의 터전에서 자기 자신을 받아들이는 습관을 쉽게 붙일 수 있기 때문이다.

만일 정말로 자기 자신을 있는 그대로 받아들이며 산다면, 그것은 활기찬 생활의 기초를 구축한 결과가 된다. 그것이야말로 참된 생활의 확고한 기반인 것이다.

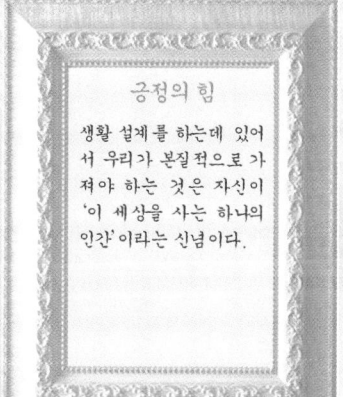

긍정의 힘

생활 설계를 하는데 있어서 우리가 본질적으로 가져야 하는 것은 자신이 '이 세상을 사는 하나의 인간'이라는 신념이다.

# 현이 끊어져도 들리는 음악

 살다 보면 모든 일이 실패로 돌아가서 모든 것을 잃을 수도 있다. 그래서 수중에 오직 1개의 레몬만 남아 있을 경우, 현명한 사람은 이런 궁리를 한다.
 '어떻게 하면 이 상태에서 벗어날 수 있을까. 어떻게 하면 이 레몬을 부가가치가 더 높은 레몬주스로 만들 수 있을까?'
 그런데 어리석은 사람은 정반대로 행동한다. 그 사람은 가지고 있는 레몬을 땅바닥에 팽개치며 이렇게 소리친다.
 "나는 망했다! 이것이 내 운명이야! 이젠 더 이상 내게 기회는 없어!"
 그리고 세상을 원망하며 좌절의 구렁텅이로 빠져드는 것이다.

한평생 인간의 잠재 능력에 대해서 연구를 해 온 위대한 심리학자 알프렛 아들러는 "인간이 지닌 가장 놀랄 만한 특성 중의 하나는 손실을 이익으로 바꾸는 힘이다.'라고 말했다.

이 특성을 제대로 활용할 줄 아는, 뉴욕에 살고 있는 델마 톰슨의 경험담을 들어보자.

2차 세계대전이 터지자, 내 남편은 캘리포니아 주의 모하비 사막에 있는 육군훈련소에 배속되었다. 나도 남편을 따라 그곳으로 옮겨갔지만 그곳은 정말로 내 마음에 들지 않았다. 아니, 모든 것이 싫었다.

집 주변은 황량한 사막으로 선인장의 그늘에서도 40도가 오르내리는 폭염이 기승을 부렸으며, 무더운 바람이 쉬지 않고 불어대기 때문에 코와 입뿐만 아니라 먹는 음식에서까지 모래가 씹힐 지경이었다. 또 근처 주민이라고는 멕시코인과 인디언들뿐이어서 영어가 제대로 통하지 않았기 때문에 남편이 출근하면 우두커니 집 안에 틀어박혀 있는 수밖에 없었다.

하루하루가 지옥 같았다. 나는 더 이상 참을 수가 없어서 아버지에게 편지를 썼다. 이런 곳에서는 더 이상 살 수 없으며, 여기서 산다면 차라리 감옥에 가는 편이 낫겠다는 절망적인 내용이었다.

그런데 장황한 내 편지에 대한 아버지의 회답은 겨우 두 줄에 불과했다. 그렇지만 그 두 줄의 문구는 평생을 두고 잊지 못할 것이었다.

'두 사람이 감옥에서 창문 밖을 내다보았다.
한 사람은 진흙탕을, 다른 한 사람은 별을 보았다.'

나는 그 글을 몇 번이고 되풀이해서 읽었다. 그러는 동안, 내 자신이 부끄러워지기 시작했다.

나는 지금까지 내 자신이 만들어놓은 감옥 안에서 진흙탕만을 바라보고 있었던 것이다. 나는 별을 바라보기로 했다. 그래서 현재의 상태에서 어떤 것이든 좋은 점을 찾아내려고 결심했다.

나는 우선 말은 잘 통하지 않지만 주변에 있는 토착민들과 친하게 지내려고 노력했다. 그러자 놀라운 일이 벌어졌다. 내가 그들의 전통 예술품인 직물과 도자기에 흥미가 있는 것을 알자, 관광객이 많은 돈을 준다고 해도 팔지 않던 도자기와 직물들을 아무런 망설임 없이 나에게 선물했다. 그들은 나를 진정한 친구로 받아준 것이었다.

그리고 나는 시간이 날 때마다 모하비 사막을 돌아다니며 관찰했다. 선인장과 요수아 나무를 살펴보기도 하고 초식동물인 마르모트의 생태를 내 나름대로 연구해 보기도 했다.

또 새삼스러운 눈으로 바라본 사막은 참으로 아름다웠다. 나는 몇 시간이고 그 자리에 서서 저녁노을을 바라보기도 했으며, 사막이 바다였을 그 먼 옛날 그곳에서 살아 숨 쉬다 화석이 되어버린 조개를 줍기도 했다.

그런데 어떻게 해서 이처럼 놀라운 변화가 나에게 생긴 것일까. 여전히 모하비 사막은 폭염에 쌓여 있었고, 후덥지근한 모래바람이 끊임없이 불어오며, 여전히 의사소통이 힘든 사람들 사이에서 어떤 변화가 있었던 것일까?

그것은 나의 마음가짐이 달라진 때문이었다. 나는 비참한 상태라고 생각했던 상황을 나의 생애에서 가장 즐거운 상태로 전환시킬 수가 있었던 것이다. 그래서 내 자신이 발견한 새로운 세계에 의해 자극받고 감격하였으므로, 이것을 소재로 한 편의 소설을 쓰기도 했다.

나는 내 자신이 만든 감옥의 창문을 통해 별을 찾았기 때문에 나의 생활을 조화롭게 변화시킬 수 있었던 것이다.


우리가 의욕을 상실하여, 레몬을 레몬주스로 바꾸지 못할 정도로 희망을 잃어버릴 경우가 있다. 그럴 때 우리는 무작정 포기할 수만은 없다. 일단 그 레몬을 레몬주스로 만들기 위한 시도는 해볼 가치가 있기 때문이다.

아무것도 두려워할 필요는 없다. 왜냐하면 그 시도가 이익을 가져올망정 손해를 끼치지는 않기 때문이다. 그 이유는 두 가지다.

- 시도하지 않으면 실패도 없지만, 물론 성공도 없다. 따라서 희박할망정 성공할 가능성이 있다면 시도해볼 가치가 있는 것이다.

- 비록 성공하지 못한다 하더라도 손실을 이익으로 바꾸려는 노력으로 인해 부정적이었던 생각이 긍정적으로 변할 수 있다. 또한 그럼으로써 창조적인 에너지가 형성되어 우리의 일상에 활력을 불어넣어 주며, 지나가 버린 일들에 대해 고민할 시간적 여유를 주지 않게 되는 이득이 생긴다.

세계적인 바이올리니스트인 오레 부르가 프랑스 파리에서 연주회를 갖던 중이었다. 그런데 연주가 중간쯤 진행되었을 때, 그가 켜고 있던 바이올린의 4개의 현 중에 하나가 끊어져

버렸다.

그러나 부르는 당황하지 않고 3개의 현만으로 마지막까지 연주를 했다.

그것이 인생이다. 하나의 현이 끊어져도 3개의 현만으로 최선을 다해 연주를 끝내야 하는 것이 인생을 살아나가는 진정한 방법인 것이다.

'운명이 우리에게 레몬을 주었다면, 그것으로 레몬주스를 만들자.'

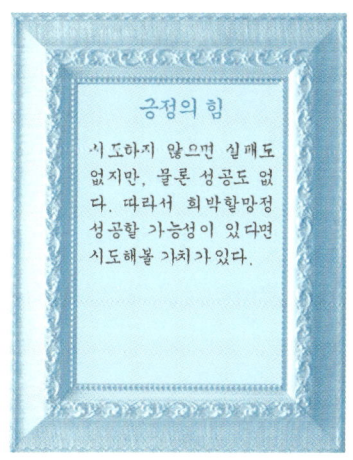

긍정의 힘

시도하지 않으면 실패도 없지만, 물론 성공도 없다. 따라서 희박할망정 성공할 가능성이 있다면 시도해볼 가치가 있다.

# 시간은 선물, 지혜는 도구

우리는 어떤 일을 마쳤을 때 '시간'이라는 선물을 받는다. 바쁜 일상에서 벗어나 여유가 생기는 것이다. 그런데 우리는 과연 그 선물을 어디에 쓰고 있을까? 시간이 흐르는 대로, 아니면 자신의 삶을 빛내는 데 사용하고 있을까?

만일 전자라면 엄청나게 지겨울 것이고, 후자라면 그 선물이 너무 작다고 여겨질 것이다. 보람 있는 시간은 순식간에 흘러가는 것이기 때문이다.

그 선물을 시간 흐르는 대로 두는 유형의 사람은 아마도 이렇게 말할지 모른다.

"나는 좀 한가한 시간을 갖게 되면 안절부절못할 정도야. 도

대체 뭘 하면 좋을지 모르겠거든. 정말 그게 문제야."

그런데 그것은 변명에 불과하다. 정작 문제가 되는 것은 시간이 아니라 자기 자신인 것이다. 그것을 분명히 알고 문제를 해결해야 한다. 그 소중한 선물인 시간을 허비해 버린다는 것은 정말 어리석은 짓이다.

아기들은 가끔 성질을 부리면서, 자기가 좋아하고 아끼고 사랑하는 것일지라도 부숴버리려고 한다. 그러나 이 책을 읽고 있는 당신은 적어도 어린아이는 아니지 않은가. 유아기는 벌써 오래전에 보냈고, 아무것도 몰라서 끊임없이 실수만을 되풀이하는 나이도 지났을 것이다. 따라서 이제는 한 번 겪은 시행착오를 또다시 되풀이해서는 안 된다. 그러기 위해서 지금 무엇을, 어떻게 해야 하는지를 알아야 한다.

우리에게는 언제든지 자유롭게 사용할 수 있는 훌륭한 도구가 있다. 그것은 바로 '지혜'를 말한다. 온갖 실패와 고통과 갈등 그리고 성공을 통해서 획득한 그 지혜의 눈으로 여가의 의미를 꿰뚫어보아야 한다. 그것은 얼마나 귀중한 선물인가?

벤저민 프랭클린은 이렇게 말했다.

"당신의 인생을 사랑하고 있는가? 그렇다면 절대로 시간을 낭비해서는 안 된다. 인생을 구성하고 있는 요소 중에 시간이야말로 가장 귀중한 것이다."

당신은 그렇게 귀중한 것을 낭비하고 있지는 않은가? 돈지갑이라든가 핸드백을 쓰레기통에 던져버리는 어리석음을 저지르지는 않으면서 말이다. 사실 돈 따위는 시간에 비하면 거의 무가치한 것이다. 그런 소중한 여가를 지루하게 보내서는 안 된다. 무관심해서도 안 되고, 그저 되는 대로 보내서도 안 된다. 그 시간이 유익하고 즐거운 것이 될 수 있도록 적극적으로 노력해야 한다. 그런데 의외로 우리 주위에 그런 사람은 거의 없다. 왜 그럴까? 왜 사람들은 그렇게 값진 시간을 내다버리고 마는 것일까?

아마도 여가의 소중함을 분명히 인식하지 못했기 때문일 것이다. 또한 일에 너무 지쳐 그 시간을 어떻게 활용해야 하는지 생각조차 못 하기 때문일지도 모른다. 그러나 분명히 인식해야 할 것은, 재충전해서 다시 힘차게 일하려면 여가가 절대적으로 필요하다는 사실, 그리고 그 시간에 의해 우리의 인생이 기쁨과 만족감으로 가득 찰 수 있다는 사실이다. 일하는 시간만큼이나 여가 또한 중요하다는 사실을 깨달아야 하는 것이다.

우리는 기계가 아니라 인간이다. 일만 하면서 쉬지 않아도 되고, 인간의 명령에 자신의 삶을 온통 맡기는 기계는 아닌 것이다.

따라서 당신은 자신의 주인으로서 삶을 주관할 권리가 있다.

자기 자신을 지배할 수 있는 기회를 가질 수 있다는 말이다.

그 시간에 아내와 테니스를 치거나 산책을 즐길 수도 있다. 그림을 그린다든지, 요리를 하거나, 정원을 가꾸는 취미를 살릴 수도 있고, 이웃사람들과 만나서 트럼프나 체스 게임을 즐길 수도 있다. 도덕이나 윤리에 어긋나지 않고 범법 행위만 아니라면, 당신은 즐거워지기 위해서 무슨 일이든지 할 수 있는 것이다.

자신의 눈이라든가 심장, 다리, 손 따위처럼 그 시간만큼은 오로지 자기 자신의 것이다. 따라서 그 시간은 당신만이 사용할 수 있는 것이고, 사용 방법도 당신만이 결정할 수 있다.

거울 앞에 바싹 다가서자. 그리고 거울 속의 자신에게 진지하게 물어보자.

"넌 누구인가? 지금 무엇을 하려고 하는가?"

거울 속의 당신은 이 질문에 어떤 대답이든지 꾸밈없이 해야 한다. 그랬을 때 자기 자신을 돌아보게 되고, 자신을 행복하게 만들 수 있는 방법을 발견할 수 있다.

그리고 뭔가를 할 때, 그것이 이해득실에 전혀 상관이 없는 것이라 하더라도 전력을 기울여야 한다. 당신에게 시간을 빌려주는 사람은 아무도 없으므로 테니스를 칠 때는 테니스에만 열중하고, 정원을 가꿀 때는 그것이 세상에서 가장 중요한 일인 것같이 열중할 일이다.

그때그때 한 가지 일에만 전념하고, 또 다른 일에 손대기 전에 그 일을 완전히 마무리 짓는 것은 아주 중요한 습관이다. 그런 습관을 몸에 익히는 것이 일을 창조적으로 수행하는 지름길인 것이다.

한꺼번에 여러 가지를 하지 말자. 그렇게 하면 그 어떤 것에도 정신을 집중시킬 수 없기 때문이다. 항상 한 가지에만 집중하고, 그 일을 완전히 마친 다음에야 다른 일로 넘어가자. 그렇게 하면 여가를 충분히 활용할 수 있을 것이고, 창조적 생활을 즐길 수 있게 될 것이며, 그 생활을 통해서 만족을 얻게 될 것이다.

일과 여가를 조화롭게 운용하는 것이 창조적 생활의 중요한 목표다.

# 마음 속 그림은 내가 그린다

나는 내 배의 선장이다.

매일 당신을 위축되게 만드는 부정적 관념을 음미하는가? 당신은 자신을 바보라고 생각하는가? 자신이 못났다는 강박관념에 붙잡혀 있는가? 자신이 약하고 틀렸다고 여기는가? 남자답지 않은가? 여자답지 않은가? 훌륭한 것을 가질 자격이 없다고 생각하는가?

이것들은 자학적 관념의 극히 일부분에 지나지 않는다.

부정적 관념이 자신에게 얼마나 많은 상처를 주고 있는지 모른다. 우리는 자기 자신을 위해 부정적 관념을 몰아내지 않으면 안 된다.

이러한 자멸적 사고에 대해 생각하고, 그것에 대해 우리가 할 수 있는 것(당장에 큰일을 하지 못해도 당신이 적극적이면 좋다)을 알아보자. 우리의 사고는 불합리한 것이 분명하기 때문이다.

불합리한 사고는 역사를 통하여 맹위를 떨쳐 왔다. 점술사, 연금술사, 골드러시, 유령…… 그리고 역사책의 한쪽을 피로 물들인 참혹한 전쟁에 대해서는 말할 것도 없을 것이다.

오랫동안 여성을 '마녀'로 생각하는 미신이 계속됐다. 유럽에서는 마녀가 화형으로 죽음을 당했다. 잔 다르크도 마녀로서 처형되고, 미국에서도 많은 마녀가 죽음을 당한 부끄러운 에피소드가 있다.

자기 자신을 평가할 때 본인 스스로 불공평한 입장을 취해서는 안 된다.

만일 자기 자신을 '바보'라고 채찍질한다면, 이 책임을 누가 져야 하는가? 아마도 자신이 현명치 못하다고 여길 때가 많을 텐데, 지금까지 한 번도 현명했던 일이 없었는가? 재빨랐던 일도 전혀 없었는가? 이지적이었던 적도 전혀 없었는가?

자기비판은 자신의 손발을 스스로 꺾는 것과 마찬가지다. 자신에게 성공할 권리가 없는 것으로 인정하고, 자질이 모자란다고 믿는 것이 실패하게 만드는 자기 자신인 것이다.

강한 사람에게도 약점이 있고, 약한 사람에게도 강한 점이 있다. IQ가 낮은 사람들도 우수한 지식을 가지고 있을 수 있다. 가정적인 여성에게는 우정이 두텁고 호감이 가는 사람이 많다. 육체적인 결손이 있는 사람은 동정심이 많다. 정서적으로 불안정한 사람 중에 훌륭한 재능을 가진 인물도 있다. 대부분의 말더듬이들도 어렸을 때는 더듬지 않았다고 한다. 범죄자들 또한 누군가가 구원의 손을 뻗치면 사회의 책임 있는 구성원이 될 수 있다.

인간은 회색이지, 검은 것도 흰 것도 아니다. 그러나 부정적 관념을 가지게 되면 자기 자신에게 둘 중 하나만을 택하라고 강요하게 된다. 그것이 자신을 불행하게 만들고, 경멸하고 거절하게 만드는 것이다.

누구나 때로는 패배한다. 존 루이스는 오랫동안 헤비급 챔피언의 자리를 누리고 있었다. 그는 무적의 강함을 뽐내는 힘의 상징이었다. 그러나 복싱을 처음 시작했을 때만 해도 그는 무명의 아마추어 선수와의 한 시합에서 자그마치 아홉 번이나 다운을 당했다.

지금 우리는 자기 자신에 대한 부정적 관념에 대한 점검을 하고, 그것들을 적당히 축소시키는 과정에 들어가 있는데, 아주 이것들을 없애버릴 수는 없는 것일까? 부정적 관념을 버릴 수가 없다면, 적어도 자신이 인식하며 생활할 정도는 되어야 할 것이다.

다음 단계로 나아가자. 당신이 정말로 자랑할 수 있는 성공을 마음속에 다시 한번 그려보자.

당신의 마음을 성공의 그림으로 채우고 그것을 바라보면서, 그 향기를 맡고, 그것을 인식하고 꽉 붙들어 가슴에 간직하자. 비판적인 생각이 엄습해 온다면 그것을 멀리 하고, 다시 자아상과 함께 천연색으로 당신의 성공한 모습을 바라보자.

창조적으로 생활하기 위해 자신과의 싸움에서 이기지 않으면 안 되며, 포기해서는 더욱 안 된다. 싸움을 계속하여 기회를 잡으면 분명히 반드시 이긴다.

우리들 자신에게 이렇게 들려주어야 한다.

"과거를 보되 실패를 보지 말고, 성공했던 사실에 정신을 집중하자. 나는 인생에 있어서 훌륭한 것을 가질 자격이 있는 인간이다. 나는 내 배의 선장이다. 때문에 나는 내 마음의 방향키를 생산적인 목표를 향해 잡아야 한다."

성공 지향의 습관이 내 자신과 하나가 되도록 최면술을 걸어야 한다. 그래서 마침내 습관처럼 그것이 하나의 자기 최면의 모양이 될 때까지 매일 자신의 성공 본능의 일을 재개시켜야 한다.

부정적 관념을 추방하기 위해서, 또 고독의 뿌리까지 없애버리기 위해 있는 힘을 다해야 한다. 그것은 쉬운 일이 아니다. 그러나 할 수 있다.

만일 당신의 마음에 부정적 관념의 뿌리가 너무 깊으면 전쟁은 불리하게 될 것이다. 그러나 승리를 얻기 위해 격전을 감수하지 않으면 안 된다. 승리할 가치가 있는 싸움이기 때문이다. 승리하면 당신의 생활을 창조적으로 즐겁게 보낼 수 있다.

# 똑같은 것도 다르게 하는 힘

　우리는 하루를 어떤 식으로 보내는가. 시계의 매시간, 매분은 우리에게 굉장한 기회가 되고 있는가, 아니면 무거운 부담이 되고 있는가?
　당신은 당신 자신에게 이렇게 말하고 있는가?
　"아, 시간이 왜 이렇게 더디 가지? 앞으로도 두 시간이나 남았네?"
　그렇게 말하고 생각하는 시간은 정말 느리게 흘러간다.
　그러나 새로운 것, 처음 보는 기계라든가 새로 알게 된 지식 같은 것을 대하게 되면 긴장하는 사람들 그리고 두려워하지 않고 그런 것들을 향해 모험을 감행하는 사람들에게는 시간이 너무나도 빨리 흘러가버린다.

이렇듯 이 세상의 모든 것에 대해 흥미를 갖고 있는 사람에게는 시간이 너무나 모자라는 것이다.

다른 사람들은 바쁘게 뛰어가고 있는데, 혼자만 앉아 가만히 생각에 잠겨 있는 사람들이 있다. 그들은 분명히 자신을 불쌍하게 여기며 자책하고 있다.

그들은 자신에게 주어진 삶을 온전하게 살아가고 있는가?

아니다. 그들은 반쪽 인생을 살고 있는 것이다.

그러나 당신이 그런 사람이라 하더라도 너무 부끄러워하지 말자. 안타깝게도 이 세상에는 같은 사람이 수백만 명이나 있지만, 당신만이라도 이제부터 부끄럽지 않은 인생을 만들면 되는 것이다.

그러기 위해서는 자신을 변화시킬 행동을 해야만 한다. 그런 행동을 해야만 행복을 얻을 수 있는 것이며, 힘이 생긴다.

사람들과의 친교를 위해 적극 노력하고, 금전제일주의와 무관심과 고정관념과 맞서야만 힘과 기쁨이 생기는 것이다.

당연한 얘기다. 하지만 우리는 그런 기초적인 진리를 놓치고 사는 때가 많다. 그리고 그것 때문에 오랫동안 고민하고 괴로워하고는 한다.

아침에 잠자리에서 눈을 떴을 때, 이렇게 다짐해야 하는 것도 진리다.

'시간을 허비하지 말고 적극적으로 활용하자.'

이렇게 해야 그날 하루가 즐겁고 유익하게 되기 때문이다.

그것만으로 이 세계를 움직일 수는 없겠지만, 자기 자신의 세계만큼은 변화시킬 수 있을 것이다.

아침식사 때, '오늘 하루를 열심히 살자.'라고 맹세하는 남자가 있다. 그런데 그는 달걀을 대여섯 개, 오트밀을 서너 접시, 토스트를 열두 쪽이나 먹어치우며, 우유를 서너 잔, 커피는 넉 잔이나 꿀꺽꿀꺽 마신다. 아침을 먹고 나면 배가 두둑한 것이다.

그러면 어떻게 될 것인가? 아침을 상쾌하게 시작할 수 있겠는가?

에너지 섭취를 든든하게 해서 아침부터 정력적으로 활동하겠다는 의도는 좋지만, 배가 그렇게 부른데 생각한 대로 활동할 수 있게 될까?

의학적으로 따져보면, 뱃속에 음식물이 차면 피가 위장으로 모여 머리가 멍해진다. 그러니 하루를 활기차게 시작하려면 아침에 너무 많이 먹지 말아야 한다.

그러나 아침을 적극적으로 시작하겠다는 그의 의도는 정말

바람직한 것이다. 불행하게도 많은 사람들이 자신의 생활에 대해서 소극적이며, 그 즐거움을 추구하려고 하지 않는데 말이다.

그런 생활은 당장 때려치워야 한다. 뭐든지 하고 싶은 일을 적극적으로 하는 것, 그것이 창조적인 생활이기 때문이다.

우리는 언제든지 원한다면 낚시를 하러 갈 수 있고, 일광욕도 할 수 있다.

그러나 문제는 그것을 적극적으로 해야 한다는 것이다. 하는 둥 마는 둥, 그저 되는 대로 해서는 안 된다.

예를 들어, 낚시에 전념하지 않으면 아마도 물고기란 놈은 이렇게 말할 것이다.

"어쩐지 이 미끼는 물고 싶지 않은데? 어이, 미끼를 좀 싱싱한 걸로 바꿀 수 없나?"

아침에 일어나서 텔레비전과 신문을 보고, 낮에는 극장이나 식당에 가서 즐기고, 밤에 다시 침대로 들어가는, 그런 평범한 생활을 하는 사람에게도 마찬가지다.

똑같은 일을 매일 반복하면 습관성에 빠지기가 쉬운데, 그렇더라도 그 일을 되도록 적극적으로 해야 한다.

매일 매일을 적극적으로 사는 자세가 무엇보다도 중요한 것이라는 사실을 명심하고 반드시 실천해야 한다.

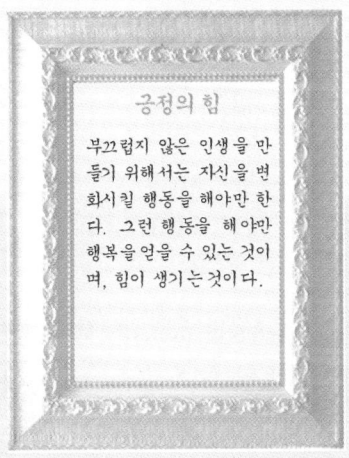

### 긍정의 힘

부끄럽지 않은 인생을 만들기 위해서는 자신을 변화시킬 행동을 해야만 한다. 그런 행동을 해야만 행복을 얻을 수 있는 것이며, 힘이 생기는 것이다.

# 지휘자는 피콜로에도 귀 기울인다

　사업가뿐만 아니라 조직의 중간 관리자 이상의 사람들 중에는 업무를 다른 사람에게 분담시킬 줄 모르고, 자기 혼자의 힘으로만 해결하려다가 업무 과부하로 인한 스트레스가 쌓이는 사람이 많다.

　그런 사람들은 대개 능력이 출중한 것 같이 보인다. 일이 떨어지면 어떤 방식으로든 해결 방법을 찾고, 밤을 새워서라도 그 일을 혼자 해결하는 것이다. 그래서 그들은 자신감에 차 있고, 조직으로부터 능력을 인정받으며 일정기간 출세의 가도를 달린다.

　인정받고 출세하는 것은 좋은 일이다. 그러나 그 내면을 살펴보면 무조건 흐뭇해할 만한 일은 아니다.

부하 직원을 시키면 불안하고, 직원이 하는 일을 보고 있으면 답답하고 속이 타서 자신이 팔을 걷어붙이고 나서는 유형이 있는가 하면, 일을 시킨 부하 직원이 그 일에 익숙해지면 나중에 자신이 할 일을 빼앗길까 봐 그런 사람들도 적지 않다.

어떤 경우든 생존 전략의 차원이기에 무조건 손가락질할 수만은 없지만, 그것은 실로 어리석은 일이다. 하나만 알고 둘은 모르는 행위이며, 코앞만 보고 멀리 내다보지 못하는 근시안적인 직원 관리인 것이다.

왜냐하면 자신이 일을 도맡아 처리하면 부하 직원은 일을 배울 기회가 없어서 계속 자신이 일에 시달려야 하고, 더듬거리던 부하 직원도 언젠가는 업무에 익숙해져 상사의 할 일을 빼앗는 상황이 올 수밖에 없기 때문이다.

그들 중에는 의외로 일 중독증 환자가 많다. 일이 주어지지 않으면 조직이 자신을 불신하는 것 같고, 일을 하고 있지 않으면 조직으로부터 인정받지 못할 것 같으며, 직원들은 항상 자신의 자리를 차지하려 한다는 등의 이런저런 생각과 고민 때문에 생기는 불안감이 엄습해 오기 때문이다.

그러나 곰곰이 생각해 보자. 사람은 일을 하기 위해 사는 것이 아니다. 사회의 일원으로서 한 축을 갖기 위한, 그것도 만족스럽게 살기 위해 일을 하는 것이다. 그렇게 전전긍긍하면서 사는 것은 결국 만족스러운 삶을 가져다주지 못하기 때문이다.

그보다는 자신의 일을 믿고 맡길 사람을 찾고, 그들을 잘 엮어서 시스템을 갖춘 다음, 그 시스템 속에서 조직을 이끌고 나가는 데 필요한 전략을 하루빨리 갖추는 것이 바람직하다. 그게 관리자로서 해야 할 일이고, 그런 조직 관리를 잘해야 진정으로 인정받을 수 있으며, 그래야 만족스러운 인생을 즐길 수 있는 것이다.

세부적인 일은 장관들에게 고민시키고 대통령은 큰 전략을 구상하는 것이 바람직하며, 나라의 수장이 있는지 없는지 국민들이 느끼지 못하는 세상이 좋듯이 비슷한 이치인 것이다.

부하 직원들을 시스템 속에서 조직화하여 지휘하는 법을 배우지 않은 간부는 긴장과 고민으로 인한 스트레스 속에서 벗어나지 못할 것이다.

# 인생은 생각에 따라 가꾸어진다

유명한 라디오 뉴스 해설자인 칼텐본이 22세 때였다. 그가 영국에서 자전거 여행을 마친 후 파리에 도착했을 때, 몹시 배가 고팠지만 주머니에는 동전 한 푼도 없었다. 그는 카메라를 5달러에 저당잡히고는 그 돈으로 〈뉴욕 헤럴드〉지에 구직 광고를 내어, 어떤 회사의 세일즈맨으로 취직되었다.

칼텐본은 방문 판매를 했는데, 1년 동안 무려 5천 달러를 벌었으며, 세일즈맨으로서 곧 정상에 서게 되었다. 놀라운 것은 그가 프랑스 말을 전혀 못 한다는 사실이었다. 그는 프랑스 말도 못 하면서 어떻게 일류 세일즈맨이 될 수 있었을까?

그는 우선 고용주에게, 판매에 필요한 말들을 프랑스어로 써 달라고 해서 그것을 완전히 암기했다. 먼저 현관의 벨을 누르면 주부가 나온다. 칼텐본은 배를 움켜잡고 깔깔댈 만큼 우스운 악센트로 암기한 말을 하는 것이다. 그러고는 제품의 사진을 보이는 것이다. 그러다가 상대편에서 뭐라고 질문을 하려고 하면, 어깨를 움찔하며 이렇게 말한다.

"아메리칸…… 으음, 아메리칸!"

그다음에는 모자를 벗고, 안쪽에 붙여둔 판매용의 프랑스어 문구를 내보인다. 그러면 주부는 웃음을 터뜨리게 되는데, 그도 따라 웃는다. 그러고는 다시 다른 사진들도 내보이고…… 대개 이런 순서였다.

칼텐본은 이 얘기를 하면서, 결코 쉬운 일이 아니었다고 말했다. 그럼에도 그는 이 일을 재미있게 하려는 결심 때문에 끝까지 수행할 수 있었다고 한다.

매일 아침마다 그는 집에서 출발하기 전에 거울을 들여다보면서 혼자 힘을 냈다고 한다.

"칼텐본, 너는 이 일을 해내지 못하면 밥도 굶게 된다. 그런데 이왕이면 유쾌하게 해보자. 문간에서 벨을 울릴 때, 네 자신을 조명을 받으며 서 있는 배우로 생각하고, 온 관중이 너를 보고 있다고 상상해라. 결국 네가 하고 있는 일은 무대 위에서의 연극과 마찬가지로 우스운 것이다. 왜 더 많은 정열과 흥미를 쏟아 넣지 않는가?"

칼텐본은 이처럼 매일 되풀이되는 자기 격려의 말이, 처음에 그가 싫어하던 일을 흥미 있게 하고 유익한 것으로 바꿔주었다고 말했다.

그는 또 이렇게 말했다.

"우선 아침마다 자신을 매로 한 대씩 쳐라. 육체적 운동보다도 매일 아침 우리 자신의 행동을 격려하기 위한 정신적 운동이 훨씬 필요한 것이다. 날마다 스스로 힘을 돋우어야 한다."

'우리의 일생은 우리의 생각에 따라 가꾸어진다.'

로마 황제이자 철학자로 유명한 마르쿠스 아우렐리우스의 〈명상록〉에 나오는 말이다.

1,800년 전의 그 말은 오늘날에도 진리인 것이다.

# 사람을 움직이는 것은

 사람들 앞에서 자기가 좋아하는 것만을 화제로 삼는다면 그것처럼 유치하고 어리석은 노릇이 아닐 수 없다. 물론 보통사람은 자신이 원하는 것에만 관심을 가지며, 또한 그 관심은 영구히 지속될 것이다. 하지만 자신 이외의 사람들에게는 아무런 흥미도 생기지 않는 법이다. 사람들은 너나없이 자신의 일에만 정신이 팔려 있기 때문이다.
 따라서 세상 사람들의 마음을 움직이는 유일한 방법은 상대방이 원하는 문제를 같이 이야기하고, 또한 그것에 대해 조언을 해주는 것이다. 만일 오늘이라도 어느 누구를 움직이려 한다면 이 사실을 꼭 명심해 두기 바란다.

가령 내 아들이 담배를 피우고 있는데 그것을 못 피우게 하려고 설교를 해서는 안 된다.

우선 아들이 무엇을 원하는 것인지를 파악해야 한다. 만약 아들의 장래 희망이 운동선수라면, 담배를 피우는 사람은 운동선수가 되기 힘들며, 100미터 달리기를 해도 숨이 차서 주저앉게 된다고 설명하는 것만으로도 그 목적을 훌륭히 달성할 수 있다. 이런 논리적 대응으로 마음을 움직일 수 있는 것이다.

한 예를 들어보자.

에머슨과 그의 아들이 송아지를 외양간에 집어넣으려고 했다. 그런데 그들은 누구나 저지르기 쉬운 잘못을 범했다. 그들은 자신이 원하는 것만을 생각했던 것이다. 그들은 송아지를 외양간에 집어넣으려는 일념으로, 아들은 앞에서 잡아끌고 아버지는 뒤에서 송아지 엉덩이를 밀었다. 그러나 송아지 또한 그들과 마찬가지로 자기가 원하는 것만을 생각하고 있었기 때문에 네 다리로 버티며 풀밭에서 한 발자국도 옮겨놓으려 하지 않았다.

이 광경을 보다 못한 아일랜드 출신의 하녀가 그들을 도우러 달려왔다. 그녀는 책을 읽거나 논문을 작성할 만한 지식은 없었으나 적어도 이런 경우에는 에머슨보다 훌륭한 지식을 갖추고 있었다.

그녀는 우선 송아지가 무엇을 원하는지를 살펴보았다. 송아지는 배가 몹시 고팠던 것이다. 그래서 그녀는 자신의 손가락을 송아지의 입에 물려 살살 달래면서 외양간으로 끌어들이는 데 성공했던 것이다.

다른 사람을 설득하여 무슨 일을 하도록 만들려면 우선 스스로에게 자문해 보는 것이 좋다.

'어떻게 해야만 상대방으로 하여금 그렇게 하고 싶다는 기분을 불러일으킬 수 있을까?'

필자는 철이 바뀔 때마다 강습회를 열기 위해 뉴욕 어느 호텔의 대강당을 밤에만 20일간씩 빌리기로 하고 1년마다 예약했었다. 그런데 강습회를 시작할 무렵에 호텔 측에서 대강당의 사용료를 종전의 3배로 인상하겠다는 통지를 갑자기 보내온 것이다.

너무도 뜻밖의 인상이었고 부당한 사용료라는 생각이 들었기 때문에 마음 같아서는 모두 취소하고 싶었다. 하지만 그때는 이미 수강권이 인쇄되었을 뿐만 아니라 모두 팔렸기 때문에 장소를 변경할 수가 없는 상황이었다.

또한 호텔 측에서는 자기네 입장만을 생각하고 있을 테니,

내가 아무리 항의한다 해도 그들의 태도에는 전혀 변화가 없을 것이 분명했다.

그래서 이틀이 지난 뒤 그 호텔의 지배인을 찾아갔다.

"그 통지를 받고 나서 놀라기는 했지만, 당신을 원망하고 싶은 생각은 추호도 없습니다. 나도 아마 당신 입장이 된다면 똑같은 통지서를 쓸 수밖에는 없었겠지요. 호텔의 지배인으로서는 될 수 있는 대로 호텔의 수익을 올리는 것이 당연한 임무이고, 그것을 못 하는 지배인이라면 당연히 자리를 물러나야 할 줄로 압니다. 그런데 이번 사용료 인상 문제를 놓고, 그것이 호텔 측에 이익을 줄지 불이익을 가져다줄지 표로 작성해서 검토해 보면 어떨까요?"

이렇게 말한 나는 백지 한 장을 꺼내 그 중앙에 선을 긋고 '이익'과 '손해'라고 쓴 두 난을 만들었다. 그리고 이익 칸에 '대강당이 빈다.'라고 기입하고 나서 말을 이어 나갔다.

"나는 당신이 요구하는 사용료를 지불하기 어려운 처지이니 강습회는 다른 장소에서 개최하는 수밖에 없을 겁니다. 그렇다면 비게 된 대강당을 댄스파티나 다른 용도의 모임에 빌려줄 수도 있을 테니 이익이 생깁니다. 강습회에 빌려주는 것보다 훨씬 많은 사용료를 받을 수 있으니, 이것은 확실히 큰 이익일 것입니다.

그럼 이번에는 호텔에 손해가 될 수 있는 점을 따져볼까요. 첫째로, 나는 대강당을 빌릴 형편이 되지 않으므로 나한테서 들어올 20일간의 고정 수익은 한 푼도 없을 겁니다. 또 다른 하나, 호텔 측에 불리한 점이 있습니다. 이 강습회에 오는 청중들은 중산층으로, 주로 지식인과 문화인들이 많습니다. 이것은 호텔을 위해 훌륭한 선전이 될 수도 있습니다. 만일 5천 달러를 들여 신문 광고를 낸다 하더라도, 이 강습회에 참가하는 수많은 사람들이 직접 이 호텔에 와서 보는 것보다 광고 효과가 크지는 않을 것입니다. 그렇다면 호텔 측에서 본다면 이 강습회가 굉장한 이익이 되는 게 아닐까요?"

나는 두 가지의 손해를 해당란에 기입하고 나서 그 종이를 지배인에게 건네주었다.

"여기에 기입한 이익과 손해를 살펴보시고 최종적인 연락을 해주시기 바랍니다."

그 이튿날 나는 사용료를 50%만 인상하겠다는 통지를 받았다. 이 대강당 사용료 문제에 대해서 나는 내 자신의 요구를 한 마디도 입 밖에 내지 않았다는 사실에 유의해 주기 바란다. 나는 처음부터 끝까지 상대방의 요구에 관해서만 이야기했으며, 어떻게 해야만 상대방의 바람이 충족될 수 있는가를 상대방의 입장에서 검토한 것뿐이다.

가령 내가 감정을 이기지 못하고 지배인에게로 달려가 이렇게 소리 질렀다고 치자.

"갑자기 사용료를 3배나 올리다니 말이나 되는 소리요? 지금 수강권도 다 팔린 상태라는 걸 당신도 알고 있으면서 그럴 수가 있소? 3배나 인상한다니, 그게 어디 말이나 되는 소리요? 나는 그 돈을 못 내겠소!"

그렇다면 어떤 결과가 나타났을까? 아마 서로 흥분하여 욕설이 튀어나오고, 사태는 악화됐을 것이다. 또한 설령 내가 상대방의 잘못된 점을 지적하여 논리적으로 그를 설복시켰다 하더라도, 그는 자존심 때문에 자신의 결정을 쉽사리 번복하지 않았을 것이다.

To.

From.

# chapter

## 4

# 열심히 일한
# 자신에게 주는 선물

피로는 육체적 저항력을 약화시켜 모든 질병의 원인이 될 뿐만 아니라 공포 · 불안이나 걱정 · 근심 등을 불러일으킨다. 그렇기 때문에 피로를 예방하는 것이 고민을 방지하는 데 큰 도움이 된다.

하루에 한 시간씩 더 사는 인생을 갖기 위해서 어떻게 할 것인가?

**틈나는 대로 휴식을 취하라!**

**심장이 뛰는 속도에 맞춰서 일하라!**

**피로해지기 전에 쉬어라!**

# 일에도 순서가 있다

　H. P. 하우엘이 강철회사의 이사로 있을 때, 이사회가 일단 열리면 며칠씩 걸리는 것으로 유명했다. 그런데도 하루에 결의되는 것은 겨우 몇 개의 안건밖에 되지 않았다. 그래서 하우엘을 비롯한 여러 이사들은 집에 갈 때도 수많은 보고서를 가지고 가서 밤새 검토하고 연구하지 않으면 안 되었다.

　하나의 안건이 상정되면 그때마다 이사들로부터 수많은 의견이 쏟아져 나왔다. 생각하는 것도 다르고 판단하는 기준도 다르기 때문이지만, 그건 회사의 발전을 위해서 필요한 일이었다. 어떤 상품 판매 기획이 안건에 올랐을 때 시장성이라든가 판매 부진의 가능성 등을 다각도로 짚고 넘어가지 않으면 안 되기 때문이었다.

문제가 되는 것은, 수많은 의견 가운데서도 지배적 의견 도출이 되지 않을 때였다. 여러 소수 의견이 맞서거나 두 가지 의견이 팽팽히 맞설 경우, 그들은 그 결정을 뒤로 미뤘다. 냉각 시간을 가진 다음 다시 의논해 보자는 의도였다.

그러나 의논 순위의 맨 뒤로 미루는 안건이 하나둘씩 자꾸만 늘어가자 시간은 더욱더 늘어지기만 했다. 아무리 생각해 봐도 그런 방식은 너무 비효율적이었다.

그렇게 판단한 하우엘은 이사들에게 이런 제안을 했다. 한 번에 한 안건만 상정시키고, 그 안건을 통과시키든 부결시키든 간에 뒤로 미루지 말고 어떻게든 처리한 후에 다음 안건으로 넘어가자는 것이었다. 왜냐하면 순위 맨 뒤로 미루었다가 다시 토론에 들어갔을 때, 여전히 의견이 팽팽히 맞서며 비효율적인 판매 전략회의가 되면서 처음 논의할 때와 똑같은 상황이 반복되었기 때문이었다.

어떻게든 매듭을 짓고 넘어가자는 결정의 결과는 놀라웠다. 판매 전략회의는 하나씩 정리되면서 진행이 매끄러워져 갔다. 그리고 다시는 이사회가 며칠씩 계속되는 일도 없어졌다.

이런 방법은 우리 모두에게도 좋은 교훈이 된다.

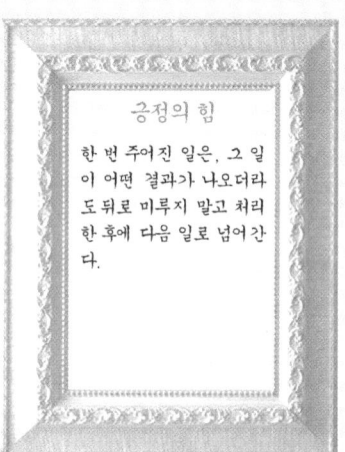

### 긍정의 힘

한 번 주어진 일은, 그 일이 어떤 결과가 나오더라도 뒤로 미루지 말고 처리한 후에 다음 일로 넘어간다.

# 일하는 즐거움

 어느 날 저녁, 아리스는 몹시 피곤한 몸을 이끌고 집으로 돌아왔다. 그녀는 너무나 지쳐서 두통도 나고 등도 아팠다. 그녀는 저녁 식사도 하고 싶지 않아 바로 침대로 갔다. 잠을 자려고 하는데 어머니가 너무 간청하는 바람에 간신히 식탁 앞에 앉았다.
 그때 전화벨이 울렸다. 그것은 남자친구로부터 무도회에의 초대 전화였다. 순간 그녀의 눈동자는 별처럼 빛났고, 그녀의 몸과 마음은 나는 새처럼 가벼워졌다. 그녀는 2층까지 단숨에 뛰어올라가 푸른 드레스로 갈아입고 무도회에 나갔다. 그리고 새벽까지 춤을 추고 집에 돌아왔지만 조금도 피곤하지 않았다.

오히려 그녀는 너무나 즐거워서 잠이 오지 않을 정도였다.

정말 아리스는 무도회에 오기 전 까지는 피곤했었던가? 그때는 틀림없이 극심한 피로로 지쳐 있었다. 그리고 자기 일이 지긋지긋했었다. 심지어는 인생 자체에 싫증을 느꼈을 것이다. 그런데 겨우 몇 시간 후에 그렇게 바뀐 것이다.

캐나다 국방부에서는 캐나다 산악회에 등산 가이드 몇 명을 추천해 달라고 부탁했다. 특수부대원의 등산 훈련에 필요했기 때문이었다. 그렇게 해서 선발된 가이드는 40~49세까지의 노련한 산악인들이었다.

그들은 젊고 힘이 넘치는 군인들을 인솔하여 빙하를 건너고 설원을 횡단했는가 하면, 40m 높이의 빙벽을 올라 산 정상에 올라갔다. 무려 15시간에 걸친 등반이었다. 그러자 원기 왕성하던 군인들도 완전히 지치고 말았다.

그들 중에는 극도로 피로감을 느끼며 식사도 하지 않고 쓰러져 잠드는 군인들도 적지 않았다. 그런데 그들보다 훨씬 연장자인 가이드들은 어땠을까? 물론 가이드들은 피곤해서 몹시 지쳤다. 그러나 젊은 군인들만큼 완전히 지친 사람은 하나도 없었다. 가이드들은 저녁밥을 먹고는, 완전히 퍼져서 누워 자는 군인들 사이에서 몇 시간 동안이나 그날의 등산 이야기로 꽃을 피웠다.

20대의 젊은 군인들이 40대의 가이드보다 왜 그렇게 지쳤을까? 그때까지 훈련되지 않았던 근육을 사용했거나 운동량이 많았기 때문에 지쳤던 것일까? 아니다. 특수부대의 격심한 훈련을 받아온 그들에게 그런 소리를 하면 아마도 피식 웃고 말 것이다. 그러면 왜 그랬을까?

그것은 그들이 등산하는 것에 즐거움을 느끼지 못했기 때문에 피로해진 것이었다. 그러나 가이드들은 등산에 흥미를 가지고 있었기 때문에 지치지 않았던 것이다.

오클라호마의 한 석유회사에 경리로 근무하고 있던 여직원은 매월 결산 기간 동안은 상상도 못 할 만큼 단조롭고 지루한 일을 반복해야만 했다. 경리 장부에 숫자와 통계를 기입하고 수많은 영수증을 차곡차곡 정리하는 일이었다.

그런데 그 일이 너무도 따분했기 때문에 그녀는 그것을 재미있는 일로 만들어 보려고 결심했다. 그래서 그녀는 일의 양과 자신을 경쟁시켰다. 매일 저녁 일을 마친 다음에 자기가 일을 얼마나 했는지 헤아렸다. 그리고 다음 날에는 그것보다 더 많이 일을 해 보려고 노력했던 것이다.

그 결과는 어떠했는가? A양은 경리과에서 누구보다도 많은 서류를 처리할 수 있었다.

그런데 그 일이 그녀에게 어떤 이득을 가져왔던가? 경리부장의 칭찬이나 감사의 말인가? 아니었다. 아니면 승진이나 봉급 인상? 그것도 아니었다.

그렇게 일과 경쟁하겠다는 발상이 그녀를 권태에서 오는 피로감을 막아준 것이다.

그것은 그녀에게 정신적 자극을 주었고, 도전 욕구로 인해 에너지와 열의가 넘치게 되었으며, 그 외의 시간을 싱싱하게 즐길 수 있게 된 것이다.

만일 짜증나는 일, 너무너무 하기 싫은 일이지만 어쩔 수 없이 해야만 하는 경우, 그 일에 진짜로 흥미가 있는 것처럼 일한다면 실제로 흥미가 생기게 된다. 그리하여 피로, 긴장, 고민을 경감시켜 주는 것이다.

# 일에도 사랑이 필요해

오후 퇴근시간 무렵, 도심지의 거리에 가보았는가?

그 시간 직전까지만 해도 크게 붐비지 않던 거리가 그 시간이 되자마자 퇴근하는 사람들로 가득 찬다. 마치 A급 태풍이 밀어닥치거나 화성인이 지구로 쳐들어온다고 해서 난리법석을 피우며 대피하는 것 같은 광경이다.

직장에 8시간 있었던 것이 그렇게 지겨웠던 걸까? 일하는 것이 무슨 가혹한 고문이라도 당하는 것처럼 괴로운 것이었을까? 직장 상사가 보아뱀으로 변해서 몸을 칭칭 감으며 조이기라도 했단 말인가?

많은 사람들이 자신의 일을 매우 싫어하는 것 같다. 일을 하는 게 아니라 하루 종일 퇴근시간만을 기다리는 사람들처럼 생각될 정도다.

당신은 그런 사고방식에 동의하고 있는가? 그들처럼 1분이 멀다 하고 시계가 닳아빠지도록 쳐다보는가?

우리는 일을 하면서 경제적인 부를 쌓아가고, 일을 하면서 자신의 미래를 설계하고 그려 볼 수 있는 좋은 기회인데, 왜 그런 기회를 놓치고 있는가?

스코틀랜드의 수필가이자 사학가인 토머스 칼라일은 다음과 같이 쓰고 있다.

'자신의 일을 발견한 사람은 이미 대단한 은혜를 입고 있는 사람이다. 그는 그 이상의 혜택을 바라서는 안 된다. 아무리 사소한 일이라도 열중하는 순간, 영혼은 순식간에 조화를 이룰 수 있다.'

일을 함으로써 영혼의 조화를 유지하고 있는 사람들의 경우, 일자리를 잃는다든지 일을 손에서 놓으면 그들은 갑자기 위축되고 만다. 심지어는 용모도 변하고, 생기발랄했던 눈마저도 빛을 잃어버리고 마는 것이다. 그런가 하면 자신에게 맞지 않는 일에 종사하고 있는 사람들도 있다. 일에서 기쁨을 얻을 수 없는 그들은 노예들과 다름없는 신세로, 그저 돈 때문에 일을 하고 있을 뿐이다. 따라서 그들은 자신의 일에 충실하고 전력을 기울이는 사람들이 느끼는 커다란 기쁨을 알지 못하는 것이다.

당신이 만일 그런 상태라면 무언가 변화를 궁리해야 한다. 일하며 사는 보람을 느끼지 못하는 사람에게는 창조적 생활을 할 수 있는 희망이 없기 때문이다.

우리는 자신의 일에 주의를 기울여본 적이 있는가. 고정관념에서 벗어나 새로운 시각으로 자기 자신의 일을 고찰해 본 적이 있느냐는 얘기다.

"지겨워! 이 일은 정말 나한테 맞지 않아!"

이렇게 불평만 하고 있을 것인가? 그런 차원에서 벗어나, 마치 이제 막 사회에 진출한 신입사원 같은 신선한 시각으로 자신의 일을 대해야 한다.

아마도 그런 시각으로 일을 바라보게 되면, 그 일이 맞지 않는 것이 아니라, 일하는 방식이 잘못되어 있다는 사실을 깨닫게 될 것이다. 그 일 자체에서 성공의 기회를 얼마든지 포착할 수 있다는 사실을 알아야 하는 것이다.

그러나 아무리 생각해 보아도 정말로 자신이 직업을 잘못 선택한 것 같으면, 하루빨리 다른 일을 찾지 않으면 안 된다. 그래서 지금보다 신나게 일할 수 있는 일자리가 있다면, 다소 월

급을 덜 받게 되는 자리라 하더라도 적극적으로 이직을 고려해 봐야 한다.

만약 그것마저 불가능하다면 다양한 취미 생활을 즐기도록 해야 한다. 운동에 열중한다든가, 그림 그리기, 악기 연주하기, 글쓰기, 우표 모으기 등등, 취미 생활을 즐겨야 한다. 물론 어부지리로 하는 것보다는 흠뻑 빠져드는 것이 바람직하다. 그럼으로써 직업에 대한 불만을 대신하여 만족감을 얻을 수 있고, 새로운 의욕이 북돋아질 수 있을지도 모른다.

어쨌든 타성에 젖어 생활해서는 안 된다. 당신은 인간이지 매트리스가 아니기 때문이다.

또한 자기 자신의 미래에 대한 계획을 세워야만 한다. 현직에서 은퇴한 후에 무슨 일을 하면서 살아갈 것인가를 계획하고 실천에 옮겨야 한다.

자신의 일을 사랑하고 열중할 때, 비로소 기쁨이 용솟음쳐 나온다. 그리고 성공의 기회 또한 거기에서 나온다.

러시아의 대문호 톨스토이는 이렇게 설파했다.

"인간은 자기 일에 몰두할 때 행복할 수 있는 것이다."

## 긍정의 힘

자신의 일을 발견한 사람은 이미 대단한 은혜를 입고 있는 사람이다. 그는 그 이상의 혜택을 바라서는 안 된다. 아무리 사소한 일이라도 열중하는 순간, 영혼은 순식간에 조화를 이룰 수 있다.

# 몸은 다스릴 수 있다

하루 종일 연구실에서 일을 하고 집으로 돌아가는 어느 학자는 대단히 피로한 상태다. 무엇이 그를 그토록 피로하게 만드는 걸까?

정신의학자들은 인간이 피로를 느끼는 이유는 인간의 정신적인 태도에 원인이 있다고 규정하고 있다. 영국의 유명한 정신의학자인 J. A. 하드필드는 〈힘의 심리〉라는 그의 저서에서 다음과 같이 말했다.

'우리를 괴롭히는 피로는 대개 정신적인 원인에서 비롯된 것이지, 육체적인 것에서 비롯된 피로는 극히 드물다.'

그렇다면 어떤 감정들이 정신노동자를 피로하게 만드는 것일까? 그것은 일이 지루하다거나 자신이 정당하게 평가받지 못하고 있다는 생각, 불안·초조·고민 따위다. 이런 감정들이 발전하여 생산성을 감퇴시키고 신경성 두통을 일으켜, 정신노동자를 지친 몰골로 귀가하게 만드는 것이다.

이 책을 읽고 있는 지금, 일단 모든 동작을 멈추고 자기 자신을 되돌아보자.
이 책을 읽을 때, 시신경을 곤두세우며 글자들을 노려보듯이 읽고 있지는 않은가? 어깨에 힘이 들어간 상태가 아닌가? 얼굴이 굳어져 있는 것은 아닌가?
만일 지금 상태가 편안하고 느긋한 인형처럼 늘어진 자세가 아니라면, 지금 이 순간 당신의 근육과 신경은 긴장하고 있는 중이며 정신적인 피로를 불러 모으는 중이다.
왜 우리는 정신적인 노동을 하면서 이처럼 불필요한 육체의 긴장을 불러일으켜 피로를 가중시키는 것일까?
어떠한 문제에 부딪혔을 때 '정신 집중을 하려면 긴장해야 하고, 긴장하지 않고는 문제를 풀어나갈 수 없다.'는 고정관념이 피로를 가중시키는 것이다.
그래서 사람들은 정신을 집중하고자 할 때, 자기도 모르게 얼굴을 잔뜩 찌푸리고 어깨에 힘을 주며 긴장감을 불러일으키기 위해 모든 근육에 힘을 준다. 하지만 그것은 뇌의 작용에 아무런 도움을 가져다주지 않는다.

그렇다면 어떻게 해야 할까? 오로지 편안한 휴식이 필요할 뿐이다. 그러기 위해서는 일을 하면서도 휴식을 취할 수 있는 방법을 배워야만 한다.

그것은 생각같이 쉬운 일이 아니다. 어쩌면 그 방법을 터득하기 위해서는 지금까지의 습관을 송두리째 바꿔야 할지도 모른다. 그러나 그런 노력을 기울일 가치가 충분히 있다. 그렇게 시도함으로써 고정 틀 속에서 벗어난 안정적 삶의 변화를 꾀할 수 있기 때문이다.


긴장은 습관이다. 휴식 또한 습관이다. 그러나 다행스럽게도 인간은 나쁜 습관은 타파할 수 있고, 좋은 습관을 형성시킬 수 있는 능력을 갖고 있는 존재다.

어떻게 해야만 마음을 편히 가질 수 있는가? 마음부터 시작해야 하는가? 아니면 몸부터 시작해야 하는가?

어느 쪽이라도 좋다. 우선 근육을 편안한 상태로 만드는 것에서부터 시작하자.

먼저 다음 말을 자세히 읽는다.

'편안한 마음으로 쉬어야 한다. 눈의 긴장을 풀고 조용히 쉬

어야 한다. 쉬어라…….'

 이 말을 자세히 읽었으면 두 눈을 감는다. 그리고 눈을 감은 상태에서 마음속으로 1분간에 걸쳐 자기 암시를 준다. 그런 다음 눈을 뜬다.

 어떤가? 눈의 근육이 당신의 명령에 따르기 시작했다는 것을 바로 느끼지 않는가. 또한 누군가의 손에 의해 눈의 긴장이 깨끗하게 사라졌다는 것을 느낄 수 있지 않은가. 믿지 못하겠지만, 이 방법을 직접 실험해 봄으로써 1분 동안에 휴식을 취할 수 있는 기술과 비결을 모두 터득한 것이다. 온몸에 분포되어 있는 근육에 대해서도 마찬가지 방법을 적용하면 된다. 그러나 가장 중요한 기관은 눈이다. 시카고 대학의 에드먼드 제콥슨 박사는 "눈의 근육을 편안하게 휴식시킬 수만 있다면, 모든 고민을 해소시킬 수 있다."라고 말할 정도다. 그렇다면 시신경의 긴장을 제거하는 일이 어째서 그렇게까지 중요한가를 설명해 보겠다.

 눈은 인간이 소비하고 있는 신경 에너지의 4분의 1에 해당하는 에너지를 필요로 한다. 대다수 사람들이 눈의 피로로 인해 괴로움을 받는 이유가 여기에 있다. 사람들은 이처럼 자신들의 눈을 과도하게 긴장시키고 있는 것이다.

 인간은 언제 어느 때라도 몸을 편안하게 다스릴 수가 있다.

그러나 막무가내로 시도하려 든다면 곤란하다. 왜냐하면 몸을 편안하게 한다는 것은 모든 긴장을 해소시키는 것이고, 무념무상의 상태로 돌입하는 것을 의미하기 때문이다.

우선 눈과 얼굴의 근육을 쉬게 하는 일부터 단계적으로 시작한다. 그리고 '편안한 마음으로 쉬어야 한다. 눈의 긴장을 풀고 조용히 쉬어야 한다. 쉬어라…' 하며 몇 차례에 걸쳐 자기 암시를 준다.

그렇게 하면 에너지가 안면 근육에서 신체 중심부로 내려가는 것을 느낄 수 있게 된다.

이런 방법으로 긴장된 모든 신경을 풀어준다. 그러면 틀림없이 갓난아기처럼 긴장감에서 해방된다.

이번에는 몸을 편하게 만드는 방법 몇 가지를 예로 들어보기로 하겠다.

- '왜 피로한가.', '긴장의 해소.' 등에 관한 책들을 본다.
- 될 수 있으면 몸을 편안한 상태로 유지하자. 자신의 몸을 양말처럼 축 늘어지게 만들자. 나는 양말을 책상 위에 걸어두고 있다. 내 몸을 언제나 그렇게 만들어야 한다는 것을 잊지 않기 위해서다.

고양이에게 배워도 좋다. 졸고 있는 고양이 새끼를 번쩍 들어본 적이 있는가? 고양이를 손으로 들어보면 온몸이 양말처럼 축 늘어지는 것을 알 수 있다. 그래서인지 나는 피로한 빛을 보이거나 신경쇠약·불면증에 시달리는 고양이, 위염으로 고생하는 고양이를 본 적이 없다.

만일 고양이처럼 온몸의 근육을 풀고 쉴 수 있는 기술을 터득하게 된다면 아주 편안한 삶을 영위할 수 있을 것이다.

- 될 수 있으면 편안한 자세를 유지하면서 일을 하는 것이 좋다. 긴장 상태에서 일을 하면 어깨와 목이 뻐근해지고 신경의 피로를 불러일으킨다는 것을 잊어서는 안 된다.
- 하루에 4~5회 정도 자신을 분석한다. '나는 생각보다도 일을 힘들게 만들고 있지는 않은가. 나는 이 일에 쓸데없이 힘을 소모하는 것이 아닌가.' 하고 자문해 본다. 이렇게 자문함으로써 몸의 자세를 편안하게 유지할 수 있다.
- 일을 모두 마치고 난 다음에 다음과 같이 생각해 보자.

'지금 나는 너무나 피곤해. 이건 내가 일을 열심히 해서가 아니라 일하는 방법이 나빴기 때문이야.'

만일 모든 사람들이 이런 교훈을 배울 수만 있다면, 피로와 긴장으로 고생하는 사람들이 없어질 것이므로 요양소나 정신병원은 문을 닫아야 할지도 모른다.

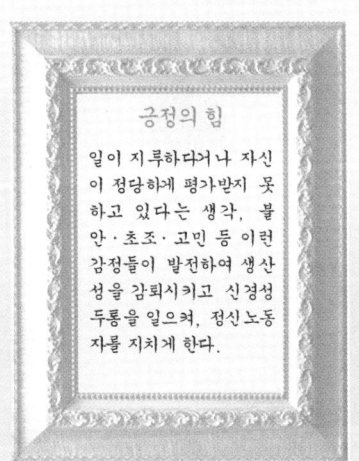

긍정의 힘

일이 지루하다거나 자신이 정당하게 평가받지 못하고 있다는 생각, 불안·초조·고민 등 이런 감정들이 발전하여 생산성을 감퇴시키고 신경성 두통을 일으켜, 정신노동자를 지치게 한다.

# 스트레스를 해소하는 몇 가지

'고민은 숨기지 않고 이야기해 버린다.'

이것이 보스턴 의료원의 '응용심리학교실'에서 사용하는 방법인데, 직장에서나 가정에서 해볼 수 있는 몇 가지 방법이 있으니 참고하기 바란다.

• 독서할 때, 메모장 준비를 한다

책을 읽다가 감동한 시, 짧은 기도문, 인용문 등을 적어둔다.

그런 뒤 비 오는 날 오후 같은 때 왠지 모르게 기분이 울적해지면, 이 노트를 펼쳐 기분을 개운하게 만들어 주는 시나 인용문 등을 읽는다.

이 교실의 환자 중에는 이런 노트를 만들어 둔 사람들이 많이 있다.

- 상대방의 결점에 대해 신경 쓰지 않는다

당신의 남편도 확실히 결점은 있을 것이다! 그가 예수 같은 성인(聖人)이었다면 당신과 결혼하지 않았을 것이기 때문이다.

남편에게 잔소리를 하고 푸념을 늘어놓기를 좋아하는 어떤 부인이 있었다. 그녀는 남편에게 실망하고 있었는데, 어느 날 이 교실에서 시키는 대로 남편의 장점을 종이에 적어보고는 예상 외로 많다는 사실에 깜짝 놀랐다는 것이다.

만약 당신이 이기적이거나 무능력자와 결혼했다고 후회하기 시작한다면, 위의 방법을 한 번쯤 사용해 보라고 권하고 싶다. 그의 장점을 모두 적어 보면, 내 남편이야말로 나에게 있어 이상적인 남성이라는 사실을 발견하게 될 것이다.

- 이웃에게 관심을 갖자

주변의 비슷한 환경에서 살아가는 사람들에 대해 우호적이고 건전한 흥미를 키워나간다. 배타적인 성향을 지녀서 친구가 하나도 없는 어떤 부인은 '앞으로 만나게 될 사람에게 들려줄 어떤 이야기를 만들어 보라.'는 지시를 받았다.

그래서 그녀는 자기 집 근처에 사는 사람들의 환경·생활 등을 상상해 보고 이야기를 만들었다. 그런 작업을 여러 번 하다 보니 우연히 마주친 사람과도 자연스럽게 이야기를 나눌 수 있었다는 것이다.

그 결과 지금은 고민이 해소되었고, 사람들과 사귀기를 좋아하는 개방적이고 사교적인 사람이 될 수 있었다는 것이다.

• 잠자기 전, 내일 계획을 세워둔다

주부들은 대개 항상 가정 일에 시간을 쫓기고 있다는 생각을 지니고 있다. 그래서 그 쫓기고 있다는 기분과 고민을 개선하기 위해 매일 밤, 다음 날의 계획을 세우도록 교육을 받았다.

일을 계획된 프로그램에 맞춰 진행하자 더 많은 일을 하고서도 피로를 적게 느꼈으며, 일의 성취감도 생겼다.

• 긴장·피로를 피하고, 편안한 자세를 취할 것

긴장과 피로만큼 사람을 빨리 늙게 만드는 것은 없다. 또한 이것만큼 당신의 아름다움을 손상시키는 것도 없다.

어떤 부인은 볼 E. 존슨 박사에게 의자에 앉아서 할 수 있는 미용체조를 배웠는데, 10분 후 그녀는 의자에 앉은 채로 잠이 들어버렸다는 것이다.

고민을 추방하기 위해서, 그리고 건강을 유지하기 위해서는 편안한 자세를 유지하는 것이 무엇보다도 중요하다. 따라서 가정주부인 당신은 아주 좋은 조건을 구비하고 있다. 언제나 당신이 원하기만 한다면 방바닥에 누울 수 있기 때문이다.

참으로 이상한 일이지만, 딱딱한 방바닥은 용수철이 달린 푹신한 침대보다도 편안한 자세로 쉬기에 더 적당하다. 또한 바닥의 저항이 강하기 때문에 척추에도 좋다.

다음은 가정에서 할 수 있는 몇 가지 운동법이다. 1주일 동안 계속해 보고, 당신의 성격이나 생김새에 어떠한 효과가 나타나는지 점검해 보도록 하자.

• 피곤하다고 느낄 때는 자리에 눕는다. 그리고 누운 채로 힘껏 기지개를 켜거나 몸을 뒹굴도록 한다. 하루 2회 이상 실시한다.

• 몸을 편안히 하고 눈을 감는다. 그리고 마음속으로 다음과 같이 말한다.

'태양이 머리 위에서 빛나고 있다. 하늘은 파랗고 맑다. 자연은 평온하게 세계를 지배한다. 그리고 나는 자연의 딸로서 우

주와 조화를 이루고 있다.'

• 만일 누울 수 없다면, 의자에 걸터앉아 있어도 누울 때와 똑같은 효과를 볼 수 있다.

편안한 자세로 몸을 쉬기 위해서는 딱딱하고 곧은 의자가 좋다. 이집트의 좌상과 같이 똑바로 의자에 앉아서 손바닥을 무릎 위에 놓는다.

• 그다음에는 천천히 손톱·발톱 끝까지 몸을 긴장시켰다가 완화시킨다. 또한 머리를 좌우로 돌려주면서 목의 근육을 푼다. 그러면서 '쉬자, 쉬자.' 하고 중얼거린다.

• 천천히 안정된 호흡으로 신경을 진정시킨다. 크게 심호흡을 한다. 인도의 수행자들은 그런 의미에서 현명했다.

이런 호흡법은 신경을 진정시키는 데는 으뜸가는 방법이다.

• 얼굴에 생긴 주름살을 마시지 해준다. 이마의 주름살이나 입가의 주름살도 손가락 끝으로 가볍게 문질러 준다.

하루에 2회 정도 하면 주름살이 완전히 제거되므로 구태여 피부미용실에 가서 마사지할 필요가 없게 될 것이다. 그런가 하면 매일 얼굴에 분을 바르고 입술을 칠하고 눈썹을 그리는 시간을 갖는 것도 매우 중요하다.

자신이 아름답다고 생각하는 여자는 활기차고, 자신 있는 모습으로 보인다.

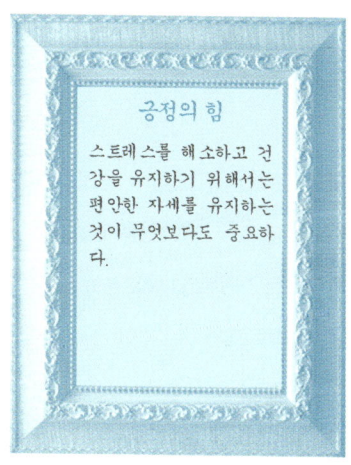

# 심장이 뛰는 속도에 맞춰

　고민을 해결하는 방법을 말하면서 피로를 줄이는 방법을 언급하는 것은, 피로가 육체적 저항력을 약화시켜 감기를 비롯한 모든 질병의 원인이 될 뿐만 아니라 공포·불안이나 걱정·근심 등을 불러일으키기 때문이다. 그렇기 때문에 신경과 의사들은 피로를 예방하는 것이 고민을 방지하는 데 큰 도움이 된다고 믿고 있다.
　시카고 대학의 임상생리학연구소 소장인 에드먼드 제콥슨 박사는 〈적극적인 휴양〉과 〈휴식의 필요성〉이라는 저서도 출간한 '휴양학'의 대가이다. 그런데 그의 말에 따르면, 완전한 휴식을 취할 수 있는 곳에서는 신경질적이거나 감정이 날카로운 상태가 있을 수 없다고 한다.

이 말은 '충분히 휴식을 취할 수 있는 상태라면, 고민은 자연스럽게 소멸될 수 있다.' 라는 뜻이 된다. 그러므로 피로와 고민을 예방하는 제일 첫 번째 방법은 '무리하지 말고, 피로를 느끼기 전에 휴식을 취하라' 라는 것이다.

그렇다면 미국 육군의 예를 들어보자.

육군은 수많은 실험을 거친 결과, 훈련으로 강인하게 단련된 병사라 하더라도 1시간에 10분 정도는 배낭을 내려놓고 휴식을 취하는 것이 행군의 능률도 오르며 인내력도 강해진다는 사실을 알게 되었다. 그래서 미국 육군에서는 50분간 훈련, 10분간 휴식을 규정으로 만들어 지키게 하고 있다.

그러면 여기에서 인간 활동에서 가장 중요한 역할을 담당하는 '심장'에 대해서 알아보기로 하자.

인간의 심장은 혈액을 전신으로 순환시켜 산소를 공급하는 역할을 하는 기관으로써, 24시간 동안에 20여 톤의 석탄을 3미터 높이로 쌓을 수 있을 정도의 엄청난 에너지를 필요로 한다.

이렇게 도저히 믿을 수 없을 정도로 중노동을 하는 심장이 어떻게 50년, 70년, 100년 동안을 계속해서 견딜 수 있는 것일까?

사실은 이렇다. 사람들은 심장이 항상 움직이고 있다는 생각을 하지만, 실제로는 수축하는 순간마다 일정하게 휴식을 취하고 있는 것이다. 그래서 1분당 70회라는 정상적인 속도로 심장이 뛰고 있을 때, 심장은 24시간 중에 9시간밖에는 활동하지 않는다. 심장이 하루에 15시간 정도의 휴식을 취하며 일하기 때문에 100년씩 견딜 수 있는 것이다.

제2차 세계대전이 한창일 때, 윈스턴 처칠은 70세가 가까워 오는 나이였음에도 불구하고 하루에 16시간 이상씩 일을 하면서 영국군을 총지휘했다. 그의 끝없는 정력의 비결은 무엇이었을까?

그는 아침 식사를 한 뒤 다시 침대로 들어가 한 시간 동안의 아침잠을 즐겼으며, 아침 11시가 될 때까지는 침대에 누운 채로 보고서를 읽기도 하고 비서에게 구술하여 서류를 작성하거나 전화를 이용해 회의를 열기도 했다. 그리고 저녁때가 되면 다시 침대로 돌아와 두 시간 동안 저녁잠을 즐겼다. 그는 이처럼 여러 번의 휴식으로 한밤중까지 정력적으로 일을 추진할 수 있었던 것이다.

대부호 존 록펠러는 98세까지 장수했는데, 그는 선천적으로 장수할 체질을 지니고도 있었지만, 또 다른 이유가 있었다.

그는 매일 오후가 되면 사무실의 소파에 누워 30분씩 낮잠을 즐기는 습관이 있었고, 그가 낮잠을 자고 있는 동안에는 대통령이 찾아와도 절대로 자신을 깨우지 말도록 엄명을 내렸다고 한다.

다니엘 W. 조스틴은 저서 〈왜 피곤해지는가〉에서, '휴식이란 단순히 쉬는 것만은 아니다. 휴식은 우리의 몸을 수리하는 기능을 담당하고 있다.' 고 했다. 또한 그는 짧은 휴식 중에도 인간의 몸은 놀랄 만한 수리 능력을 발휘하므로 단 5분간의 낮잠'을 생활화하는 것만으로도 피로를 예방하는 데 커다란 도움이 된다고 강조했다.


그런가 하면 '과학적인 경영법'의 전문가인 프레데릭 테일러는 베들레헴 강철회사의 노동자를 통해, 육체노동자의 휴식시간을 늘리면 늘릴수록 작업량이 향상되는 것을 실증해 보였다.

그 회사에서는 생산된 강철을 화차에 싣는 노동자 1인의 1일 할당량이 20톤인데, 노동자들은 그것에 미치지 못하는 12톤의 강철밖에 싣지 못했다. 그렇다고 노동자들이 게으름을 피우는 것도 아니었기 때문에, 회사에서는 '과학적인 경영법'의 전문가인 테일러에게 그에 대한 연구를 의뢰했다.

그런데 테일러가 노동자의 작업을 과학적으로 분석한 결과, 하루에 20톤이 아니라 무려 47톤의 강철을 실을 수 있다는 결론을 내렸다.

노동자는 물론이고 회사에서도 참으로 어처구니없어 했다. 하루에 간신히 12톤 정도를 실어 나를 뿐인데, 그보다 4배쯤 더 할 수 있다니……. 말도 되지 않는 소리라며 모두들 콧방귀를 뀌었다.

그러나 테일러는 확신이 있었다. 왜냐하면 노동자가 1일 할당량을 채우기 위해 일을 열심히 한다지만, 시간이 정오를 넘어서면 피로에 지쳐 시간이 흐를수록 작업성과가 형편없이 저하된다는 사실을 발견했기 때문이다.

그는 스미스라는 노동자를 선택하여 자신의 이론을 증명해 보이고자 했다. 그래서 강철을 나를 때 피로를 최소화시킬 수 있는 계획표를 작성했고, 스미스에게 타임 워치를 지닌 채 그 계획에 따라 일하도록 했다.

그러자 놀라운 일이 벌어졌다. 다른 노동자들은 12톤의 강철을 간신히 날랐지만, 스미스는 테일러의 예언대로 다른 노동자의 작업량보다 4배에 달하는 47톤의 강철을 거뜬히 날랐던 것이다. 그것도 하루만 그런 것이 아니라, 테일러의 실험 기간인 3개월 동안 하루도 빠짐없이 자신의 책임량을 완수했던 것이다.

그렇다면 어떤 방법을 사용했기에 이처럼 눈부신 성공을 거둘 수 있었을까?

방법은 간단했다. 스미스가 피로를 느끼기 전에 휴식을 취하게 했던 것이다. 테일러는 노동자들이 정오가 될 무렵이면 지쳐서 일의 능률이 오르지 않는 점에 착안해서, 1시간에 26분간 일하고 34분 동안은 휴식하도록 하는 방법을 선택했기 때문이다.

그리하여 스미스는 다른 노동자들에 비해 일하는 시간보다 쉬는 시간이 많았지만 피로를 느끼지 않았기 때문에 정오가 넘어도 똑같은 작업량을 유지할 수 있었고, 다른 노동자들보다 피로를 덜 느끼면서도 그들의 4배에 해당하는 작업량을 완수할 수 있었던 것이다.

이것은 단순한 이론이 아니라, 작업 현장에서 직접적인 실험을 거친 명확한 결과를 토대로 한 것이다.

따라서 다시 한번 강조한다.

'틈나는 대로 휴식을 취하라!'

'심장이 뛰는 속도에 맞춰서 일하라!'

'피로해지기 전에 쉬어라!'

이렇게 하면, 하루에 한 시간씩 더 사는 인생을 갖는 셈이 되는 것이다.

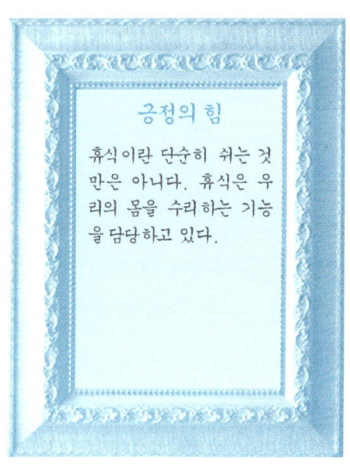

긍정의 힘

휴식이란 단순히 쉬는 것만은 아니다. 휴식은 우리의 몸을 수리하는 기능을 담당하고 있다.

To.

From.

c h a p t e r

# 5

# 행복에도 조건이 있다

사람은 누구나 행복해지기를 원한다. 그러나 그 행복을 얻는 방법은 단 하나밖에 없다. 그것은 자기 기분을 마음대로 움직일 수 있는 힘을 기르는 방법이다. 왜냐하면 행복이란 외적인 조건에 의해서 얻어지는 것이 아니라, 자기의 마음가짐에 따라 얻을 수도 있고 놓칠 수도 있기 때문이다.

# 행복의 원칙

 A라는 사람이 책상에 앉아서 전화를 받고 있다. 그는 큰 회사의 중역으로서 중요한 계약을 위해 통화 중이다.

 그의 책상 위는 메모지, 편지, 계약서를 비롯한 서류들로 꽉 차 있다. 그리고 건너편 소파에는 손님 두 사람이 앉아 그가 시간을 내주기만을 기다리고 있다.

 A는 통화를 마치고 비망록을 뒤져 그날의 중요한 일정을 다시 한번 점검해 본다. 점심은 회사대표와 같이 하기로 되어 있고, 그 이후에도 저녁 미팅까지 있어 일정이 빡빡하다. 또 방금 통화한 사람과도 만나야 하는데, 그 시간을 내자면 좀 궁리를 해야 할 것 같다. 게다가 직원들에게 정리된 업무 메일도 보내

야 된다. 그리고…….

A는 눈코 뜰 새 없이 바쁘다. 우리는 그렇게 많은 일 때문에 A가 굉장히 시달릴 것이라고 생각한다.

그러나 A는 그렇지 않다. 그는 그 많은 일을 즐겁게 해내고 있다. 그는 짜증을 낸다든지 투덜대지 않는다. 오직 오늘 해야 할 일을 마무리하기 위해 최선을 다할 뿐이다.

그는 손님들을 정중하게 면담하고, 주의 깊게 말을 하며, 최선을 다해 그들의 요구에 부응하려고 애쓴다.

전화가 오면 통화를 나누며 마음속으로 재빨리 상황 판단을 해서 어떻게든 결론을 내린 다음, 또 다른 손님과 마주한다. 그는 지금 의논하고 있는 문제를 자기가 어떻게 처리하려고 하는지를 손님에게 알려주고 그들끼리 상의할 시간을 주기 위해 자리를 피해준다.

자리에 돌아와 직원에게 인터폰으로 몇 가지 지시를 내리고 두세 가지 서류를 검토한 다음, 손님에게 돌아와 그의 제안을 그들이 어떻게 받아들였는지 알아본다. 그들의 결정을 듣고 결론이 내려지면 그들을 문 앞까지 배웅하며 따뜻한 악수를 나누고 헤어진다.

그런 일련의 과정에 속임수라든가 무슨 불쾌한 감정이라든가 하는 것은 전혀 없다. 빠르고 효과적으로 목표에 접근해 가는 단순한 기쁨만 있을 뿐이다. 그는 자기의 상상력을 적극적인 방법으로 행동에 옮기는 계획을 세울 뿐이다. 자신에게 행복과 성공을 맛볼 수 있는 권리가 있다는 것을 잘 알고 있는 것이다.

그렇지만 대부분의 사람들은 일을 하면서 짜증을 많이 낸다. 이것은 비극이다.

짜증을 내고 투덜대고 일을 회피하려고 하는 부정적이고 억압된 생각으로 가득 차 있는 것이다. 그래서 일하는 즐거움 같은 건 없고 스트레스와 불만만 가득하다.

이런 사람들은 일을 즐거워하지 않는다. 또한 노는 것도 즐기지 않는다. 모든 것이 부정적인 것이다.

그러나 생각해 보라. 인간은 즐거움과 행복을 느낄 수 있도록 되어 있다. 우리가 머릿속으로 아름다운 선율을 생각하고, 동화 속의 주인공이 되어 노래를 하면 그것만으로도 하늘을 찌를 듯한 기쁨과 환희를 느낄 수 있다.

내 자신이 그런 만족을 얻는 것을 방해해서는 안 된다. 행복의 원칙을 부정하면 우리의 삶은 유쾌한 것이 되지 못하기 때문이다.

오늘 살아 있다는 것은 즐거운 일이다. 오늘을 즐기고 유쾌하게 생활하자.

내 자신의 생활은 행복한 것이어야 한다. 즐거움이 심장이나 눈·손·발처럼 우리의 일부가 되어야 한다. 그것은 인종이나 이데올로기, 피부 색깔, 지위, 연령 등과 전혀 관계가 없는 것이다. 생활 속에서 즐거움과 행복은 자신의 권리인 것인데, 그것을 즐겁게 받아들이지 못하고 부정적 사고로 받아들이는 것은 불행의 늪 속으로 빠져드는 것이다.

과거에 일어난 실수나 영화는 지워버려야 한다. 그렇게만 한다면 하루를 더 알차고 즐겁게 살아갈 수가 있다.

만일 내 자신을 기쁘게 할 수 있는 권리를 찾는다면, 우리는 온갖 행동 속에서는 물론, 생활 속에서도 즐거움과 행복을 찾을 수 있다.

사람들은 더욱 풍족한 삶을 영위하기 위해 필사적으로 노력한다. 열심히 경제적 지위를 쌓고, 명예를 얻기 위한 전력을 기울이면서 끊임없이 경쟁을 한다.

부정적 사고를 가진 사람들은 대개 자기 자신을 심하게 학대하면서, 자신이 즐길 수 있는 조그마한 권리도 인정하지 않는다. 매우 슬픈 일이지만, 불행하게도 그런 사람이 많은 것이 사실이다. 그것은 자기 자신에 대한 학대이며 '범죄'인 것이다.

### 긍정의 힘

유쾌한 생활을 지향하는 것은 정신적으로 행복해지려는 것이다. 그러기 위해서는 자아상을 강화시키는 것이 좋다. 그렇게 하다 보면 즐겁고 유쾌한 생활을 유지해 나갈 수 있을 것이다.

# 행복을 즐기는 습관

 헤롤드 아보트는 미주리 주의 웨브 시에서 2년 동안 잡화점을 경영했다. 그러나 장사가 잘되지 않아 빚만 늘어가자 가게를 처분하고 캔자스시티로 가서 일자리를 구할 생각이었다.
 그러나 수중에 돈이 한 푼도 없었기 때문에 캔자스로 갈 여비와 취직할 때까지의 숙식비를 융자받기 위해 은행에 들르기로 했다.

 실제 나의 모습은 말할 수 없을 정도로 초췌하고 의욕이 없는 상태에서 은행에서 융자를 받을 수 있으리라고는 기대하지 못했다. 그러나 그것이 나로서는 최후의 방법이었기 때문에 어쩔 수 없이 은행 쪽으로 발길을 옮겼을 뿐이다.

그런데 길 건너편에서 다리가 둘 다 없는 사람이 도로를 건너 내가 걸어가는 보도 쪽으로 오는 것을 발견했다. 그 사람은 롤러스케이트 바퀴를 단 작은 나무판자 위에 앉아서 전나무 지팡이를 양손에 쥐고 그것으로 연신 땅을 찍어대며 오고 있는 것이었다.

보도 끝에 닿자 그 사람은 판자와 함께 묶은 자신의 몸을 2~3cm가량 들어 올려 보도 위로 올라왔다.

그때 그 사람과 내 눈이 마주쳤는데, 순간 그는 미소를 지으며 쾌활한 목소리로 나에게 인사를 건네는 것이었다.

"안녕하세요. 날씨, 참 좋죠!"

그 사람이 길모퉁이로 사라질 때까지 그의 뒷모습을 물끄러미 바라보는 동안, 나는 내 자신이 얼마나 다행인지를 깨닫게 되었다.

'나는 두 다리가 멀쩡해서 자유스럽게 걸어 다닐 수가 있지 않은가.'

나는 내 자신이 부끄러워졌다. 저 사람은 두 다리가 없는데도 행복하고 명랑한 태도로 자신을 잃지 않고 견뎌내는데, 멀쩡한 내가 그것 하나 해내지 못할까 하고 생각하니 절로 용기가 생기기 시작했다.

나는 자신감을 가지고 은행을 방문했다.

원래는 일자리를 얻기 위해 캔자스시티로 간다고 말할 생각이었는데, 나는 직장을 구해서 캔자스시티로 가기 때문에 2천 달러가 필요하다고 분명하게 말했다.

그러자 은행원은 자신감 넘치는 나의 태도에 선뜻 2천 달러를 빌려주었다. 나는 그 돈으로 캔자스시티로 가서 취직할 수 있었으며, 7년간에 걸쳐 모든 빚을 청산했다.

겨우 그 10초 동안에, 앞으로 어떻게 살 것인가에 대해 10년 동안 배운 것 이상으로 가치 있는 방법을 알게 된 것이다. 그래서 나는 이런 글을 화장실 거울에 붙여두고 매일 아침 면도할 때마다 읽는다.

'구두가 없어서 의기소침해지면, 길에서 만났던 다리 없는 사람을 생각하자.'


"당신의 두 눈을 1천만 달러에 파십시오."

누가 이런 부탁을 한다면, 냉큼 팔겠다고 하겠는가? 두 다리를 팔라고 한다면? 아니면 두 손? 또는 당신의 아이들을? 가족을?

팔아버리고 난 후를 상상하면서, 정말로 진지하게 판단해 보기 바란다. 아마도 1천만 달러가 아니라 록펠러의 전 재산, 아니 거기에다 포드·모건의 재산까지 전부 준다고 해도, 당신이 가지고 있는 것과 바꿀 생각이 없다는 것을 깨닫게 될 것이다.

아니, 깨닫지 못하는 수도 있어서, 기꺼이 바꿀 사람도 없지 않아 있을 것이다. 그러나 그런 인간은 이러한 것들의 가치를 제대로 파악하고 있지 못한 것으로 간주하면 된다.

"인간은 이미 자신이 가진 것에 대해서는 만족하지 못하고, 언제나 없는 것만 추구한다."

쇼펜하우어가 한 이 말을 루시 블레이크라는 여성이 증명한 바 있는데, 그 경험담을 들어보자.

나는 정신없이 바쁜 일과를 보내고 있었다. 디저트 윌로우 목장에서 음악 감상반과 스피치강습회를 지도했으며, 애리조나 대학에서는 피아노를 배웠다. 그리고 밤마다 파티를 열었고, 심야에는 승마를 즐기기까지 했다.

그러던 어느 날 아침, 나는 그만 정신을 잃고 말았다. 심장에 이상이 생긴 것이다. 나를 진찰한 의사는 '1년 동안 절대로 심한 일을 해서는 안 되므로, 침대에 누워 최대한 안정을 취해야 한다.' 면서 엄한 표정으로 나에게 경고했다.

나는 공포에 사로잡혔다. 의사는 나에게 건강 회복 여부에 관해서 언급조차 해주지 않았기 때문에, 어쩌면 재기 불능의 상태일지도 모른다는 두려움이 엄습했다.

'어쩌다 이 꼴이 되었단 말인가. 내가 왜 이런 벌을 받아야만 하는 거지?'

의사의 지시대로 침대에 누워 있기는 했지만, 마음이 불편해서인지 상태가 점점 악화되었다. 또한 나는 절망감으로 인해 모든 것에 점점 반항적인 태도를 취하게 되었다.

그러던 어느 날, 이웃 친구로 평소 알고 지내던 루돌프가 나를 찾아와 이런 말을 해주었다.

"넌 1년씩이나 누워 지내는 것이 비극적이라고 생각할지 모르겠지만, 결코 그런 것만은 아니야. 오히려 차분하게 사색할 수 있는 시간을 갖게 되었으니, 이번 기회를 통해 자기 자신을 새롭게 인식할 수 있는 좋은 계기가 될 수도 있지 않을까. 잘만 하면 정신적으로도 부쩍 성장할 수 있을 테니까, 어떻게 생각하면 득이 되는 일이지, 안 그래?"

나는 그 말을 듣고 난 후, 마음을 가라앉히고 새로운 가치관을 정립하기로 결심했다. 그래서 나는 마음을 밝게 하는 책들을 골라 읽게 되었다.

그러던 어느 날, 라디오에서 "…… 인간은 자신이 의식하고 있는 것만 표현할 수 있다."라는 말을 듣게 되었다. 그런 소리는 여러 번 들은 적이 있었지만, 그 당시만큼 내 마음을 파고든

적이 없었다. 그래서 나는 그것을 실천하기에 앞서, 우선 그런 생각만이라도 가져 보려는 결심을 했다.

나는 매일 아침 눈을 뜨자마자 제일 먼저 감사할 일들을 머릿속에 그려보려고 노력했다. 라디오에서 흘러나오는 아름다운 음악소리, 책 읽는 시간, 맛있는 음식, 나를 아껴주는 사람들, 다정한 친구들을 생각했다.

그 효과는 대단했다. 그것은 환희, 행복, 건강을 가져다주는 대단한 사상이었던 것이다.

내가 하루가 다르게 명랑해지자, 친구들이 즐겨 나를 찾아왔다.

그것은 벌써 9년 전의 일로, 그때 1년간의 병상 생활을 지금도 고맙게 생각한다. 왜냐하면 그때야말로 내가 애리조나에서 보낸 가장 귀중하고 행복한 한 해였기 때문이다.

그 후 나는 매일 아침마다 내 자신의 행복을 헤아려보는 습관을 갖게 되었으며, 지금까지 지속하고 있다. 나는 지금도 충실하게, 활달하고 명랑한 생활을 영위하고 있다.

인생을 어떻게 살아야 하는가.

로건 피어설 스미스는 짧으면서도 함축성 있는 말로 그 대답을 해주고 있다.

"인생에는 목표로 삼아야 할 것이 두 가지가 있다. 그 하나는 자신이 원하는 것을 소유하는 일이고, 또 하나는 그것을 즐기는 일이다. 그런데 현명한 사람들은 나중 것을 성취한다."

자기가 원하는 것을 즐긴다…….

우리가 삶에 있어서 그럴 마음만 있다면 즐길 수 있는 순간은 너무나도 많다. 눈길을 잠깐만 돌리면 부엌에서 접시를 닦는 일도 흥미진진한 일이 될 수 있는 것이다.

어떻게 그럴 수 있는가 하고 자문할 것이다? 1천만 달러와도 바꿀 수 없는 당신의 소중한 두 눈으로 접시 위에 하얗게 엉기는 비누 거품들을 바라보자.

그 비누 거품들이 창가로 흘러드는 햇빛을 받으면, 그 거품 하나하나 속은 작은 무지개의 찬란한 빛으로 가득할 것이다. 뿐인가, 겨울에 펄펄 내리는 눈발을 헤집고 작은 참새들이 날개를 파닥거리며 날아가는 광경은 또 얼마나 아름다운가!

우리는 태어나면서부터 이처럼 아름답고 복된 세계를 누리며 살고 있었지만, 마음의 눈을 뜰 수 없었기 때문에 그 아름다움을 즐길 수 없었던 것이다.

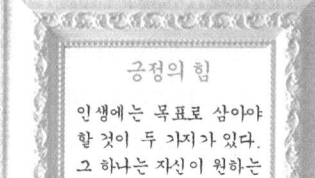

### 긍정의 힘

인생에는 목표로 삼아야 할 것이 두 가지가 있다. 그 하나는 자신이 원하는 것을 소유하는 일이고, 또 하나는 그것을 즐기는 일이다. 그런데 현명한 사람들은 나중 것을 성취한다.

# 누구나 행복해질 수 있다

필자가 어떤 만찬회에서 화려한 옷차림을 한 부인과 만나게 되었다. 그녀는 어떻게 해서라도 많은 사람들에게 좋은 인상을 주기 위해 몹시 신경을 쓰는 것이 역력히 드러나 보였다.

호사스러운 검은 담비가죽으로 된 목도리와 다이아몬드 목걸이, 진주 팔찌 등 온갖 패물들로 몸을 장식하고 있었다. 하지만 자신의 얼굴에는 별다른 신경을 쓰지 않았기 때문인지 심술과 고집이 가득 넘쳐흐르고 있었다. 아마도 그녀는 남자들이 중요하게 여기고 있는 것이 무엇인지를 모르는 모양이었다.

사람의 아름다움은 몸에 걸친 화려한 모습이 아니라 자신에 얼굴에 나타나는 '표정'인 것이다.

행동은 말보다 설득력 있는 웅변이다. 그리고 '미소'는 우리에게 이렇게 말하고 있다.

'나는 당신을 좋아합니다. 당신은 나를 행복하게 만들어 주기 때문에 당신을 만나는 것이 무엇보다도 즐겁습니다.'

개가 귀여움을 독차지하는 이유도 바로 여기에 있다. 우리를 보는 순간, 개는 반가워서 어쩔 줄 몰라 하며 깡충깡충 뛰어오르기 때문에 우리도 자연스럽게 개를 귀여워하는 것이다.

그러나 마음에도 없는 거짓 눈웃음으로는 상대방을 속일 수 없다. 기계적인 눈웃음은 오히려 상대방을 불쾌하게 만들 뿐이다.

필자는 필자의 강좌를 듣는 수천 명의 수강생들에게 1주일 동안 1시간마다 한 번씩 누구에게라도 미소를 지어 보이고, 그 결과를 내 강좌에서 발표하도록 숙제를 내준 적이 있었다. 그 리포트 중에서 하나를 소개해 보겠다.

나는 결혼한 지 18년이 지났지만, 아침에 일어나서 출근할 때까지 아직 한 번도 아내에게 웃는 낯을 보인 적이 없었으며 말조차 별로 주고받은 적이 없습니다. 나는 이처럼 세상에서도 보기 드물 정도로 성질이 까다로운 사람이었습니다. 그러나 선생님께서 미소를 지은 후 그 경험을 발표하라기에, 시험 삼아서 지시한 대로 1주일 동안만 해보기로 마음먹었습니다.

이튿날 아침, 머리를 빗으면서 나는 거울에 비친 무표정한 내 얼굴을 향해 이렇게 중얼거렸습니다.

"빌, 오늘은 잔뜩 찌푸린 낯을 버리고 웃는 낯을 보여주자고. 어때? 자, 어디 한번 웃어볼까?"

나는 식탁에 앉으면서 아내에게 아침 인사를 하며 미소를 지었습니다. 처음에는 상대방이 깜짝 놀랄 것이라는 선생님의 말씀대로, 아내는 내가 생각했던 것 이상으로 굉장히 놀란 눈치였고 기뻐서 어쩔 줄 몰라 했습니다. 그래서 나는 이제부터 매일 이렇게 할 것이라고 마음속으로 다짐했고, 오늘까지 두 달 동안이나 계속하고 있습니다.

지금은 매일 아침 출근할 때마다 아파트의 엘리베이터 안에서 만나는 사람들과 웃는 낯으로 아침 인사를 나누며, 회사 경비원에게도 미소와 함께 다정한 아침 인사를 주고받게 되었습니다. 지하철의 창구에서도 마찬가지였으며, 증권거래소에서 나의 웃는 얼굴을 한 번도 본 적 없는 사람들에게도 미소로 대하게 되었습니다.

그러자 모두들 다정한 미소로 나를 응대해 주기 시작했습니다. 상대방이 잔뜩 화가 난 얼굴로 항의해도 내가 미소를 잃지 않고 상냥하게 대하면, 그 역시 분노를 누그러뜨리고 상냥하게 대하려고 노력했으므로 서로의 문제점을 해결하는 것도 한결 쉬워졌습니다. '미소' 덕분에 모든 생활이 긍정적으로 바뀌었습니다.

나는 미소를 짓는 것만으로 만족하지 않기로 결심했습니다. 될 수 있는 대로 다른 사람에 대한 비판이나 허물을 말하는 대신, 그 사람을 칭찬해 주기로 마음먹었습니다.

그러자 내 생활에는 더 큰 변화가 일어났습니다. 수입도 늘어나고 많은 친구들도 사귀게 되었습니다.

나는 행복합니다. 그리고 이제는 내 자신보다도 상대방의 입장에서 모든 것을 이해하려고 노력하고 있습니다.

하버드 대학의 윌리엄 제임스 교수는 이렇게 주장했다.

"행동은 감정에 따라 일어나는 것처럼 보이지만, 사실은 행동과 감정은 같이 움직인다. 그러나 행동의 경우, 의지에 따라서 직접적인 통제가 가능하지만 감정은 그렇지가 못하다. 감정은 행동을 조정함으로써 간접적으로 조정할 수는 있다. 그러므로 기분이 우울하여 쾌활해지고 싶을 때, 일부러라도 쾌활한 척 행동하면 신기할 정도로 쾌활함을 찾을 수 있다."

사람은 누구나 행복해지기를 원한다. 그 행복을 얻는 방법은 자기 기분을 마음대로 움직일 수 있는 힘을 기르는 것이다. 왜냐하면 행복이란 외적인 조건에 의해서 얻어지는 것이 아니라, 자기의 마음가짐에 따라 얻을 수도 있고 놓칠 수도 있기 때문이다.

행복이나 불행은 재산이나 지위에 따라 결정되는 것이 아니다. '무엇을 행복이라고 생각하며 무엇을 불행이라고 생각하는가.' 라는 개개인의 사고방식에 따라서 행복과 불행은 나누어지는 것이다.

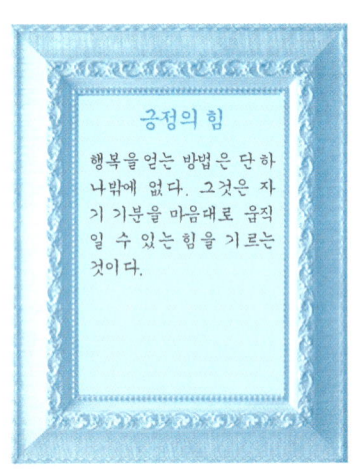

# 가장 소중한 존재

필자는 노스캐롤라이나 주에 사는 에디스 엘렌 부인에게 다음과 같은 편지를 받았다.

어렸을 때 저는 몹시 신경질적이었고 수줍은 편이었습니다. 또한 저는 살집이 좋았고 양 볼이 남달리 부푼 편이었기 때문에 한층 뚱뚱하게 보여서 열등감에 사로잡혀 있었습니다. 게다가 어머니가 항상 '큰 옷은 입을 수 있어도 작은 옷은 입을 수 없다.'고 하시며 펑퍼짐한 옷만을 입힌 탓에 더욱 내성적인 성격이 되었습니다.

초등학교에 입학해서도 저는 아이들과 어울리지를 못했습니다. 서로 어울려 놀지를 않으니, 그 흔한 생일 파티에 한 번도 초대되어 간 적이 없습니다.

23세 때 저는 7세 연상의 남편을 만나 결혼하게 되었지만, 병적일 정도로 내성적인 저의 성격은 조금도 달라지지 않았습니다. 그런데다 남편을 비롯한 시댁 식구들이 모두 늠름하고 자부심이 강한 사람들이어서 제 열등감이 더욱 심해졌습니다.

하지만 시댁 식구들이 제가 동경했던 이상형이었으므로 저는 그들을 닮으려고 무진 노력했습니다. 그러나 아무런 소용이 없었습니다. 아니, 상태가 더욱 악화될 뿐이었습니다. 그들이 저와 친하게 지내기 위해 접근하면 할수록 저는 더욱 기가 죽고 마는 것이었습니다.

그래서 시간이 흐를수록 저는 점점 신경과민이 되었으며, 걸핏하면 짜증을 냈고 사람을 만나기가 두려워서 현관의 벨소리만 울려도 왈칵 겁이 났습니다.

저는 끊임없이 제 자신을 열등한 인간이라고 자책했습니다. 또한 남편이 이 사실을 알게 될 것이 두려워서 사람들이 있는 곳에서는 일부러 쾌활한 척했지만, 그런 과잉 연기로 저는 더욱더 우스꽝스럽게 되어버리곤 했습니다. 그래서 저는 산다는 것이 싫어졌고, 자살까지도 결심하기에 이르렀습니다.

그런데 우연한 기회에 듣게 된 한마디의 말이 제 인생을 통째로 바꿔놓았습니다.

어느 날, 대화를 나누다가 시어머님이 이런 말씀을 하셨습니다.

"…… 사람은 어떤 경우에라도 자기 자신이 되어야 해."

'…… 자기 자신이 되어야 한다!'

저는 그 말을 듣는 순간, 지금까지 제 자신이 적응할 수 없는 울타리 속에 저를 억지로 집어넣으려 함으로써 저 자신을 불행하게 만들어 왔다는 사실을 깨닫게 되었습니다. 저는 그날 밤부터 제 자신이 되고자 노력했습니다.

우선 제 성격을 분석하여 됨됨이를 파악하고, 제가 지니고 있는 장점에 대해서도 생각해 보았습니다. 또한 저한테 어울리는 옷을 고르기 위해 옷 색깔과 스타일에 대한 연구도 했고, 적극적으로 친구를 사귀려고 주부 모임에도 가입했습니다. 그리고 그 모임에서 프로그램 강연자로 제 이름이 올랐을 때는 정말이지 너무나 긴장되어 도망치고 싶었습니다. 그러나 여러 차례에 걸쳐 그러한 기회를 갖는 동안 차츰 자신감이 생겨났습니다.

물론 제가 이렇게 되기까지에는 오랜 시간이 걸렸지만, 지금 와서는 전에는 상상조차 하지 못할 정도로 적극적이 되었고 일상생활에서도 행복을 느낍니다. 그래서 우리 아이들에게도 '어떤 경우에라도 자기 자신이 되어야 한다.' 라는 교훈을 주지

시키고 있습니다.

이처럼 자기 자신이 아닌 다른 사람이 되겠다는 욕망은 특히 할리우드에서 두드러지게 나타난다.

유명한 영화감독인 샘 우드는 "가장 골치 아픈 일은 야심만만한 젊은 배우들에게 자기 자신이 되라고 설득시키는 일."이라고 말했다. 왜냐하면 그들은 라나 터너나 클라크 케이블의 복사판이 되기 위해 애를 쓰기 때문이다.

그러나 관객은 이미 기존 배우들의 색깔을 파악하고 있기 때문에 신인에게는 색다른 분위기를 원한다는 것이다.

캐스달리라는 가수 지망생의 경우를 실례로 들어보기로 하겠다.

그녀는 가수 지망생이었지만, 크고 두터운 입술과 뻐드렁니 때문에 그 누구도 그녀를 무대 위에 세우려 하지 않았다. 그런 그녀에게 처음으로 기회가 주어졌다. 뉴저지의 나이트클럽 무대에서 노래를 부르게 된 것이다.

무대에 선 그녀는 뻐드렁니를 감추고 매혹적인 몸짓으로 노래를 부르려 했지만 목소리가 이상하게 나오는 바람에 무척 당황했고, 그래서 더욱 우스꽝스런 꼴이 되고 말았다. 그녀의 첫 무대는 대실패로 끝났다. 이대로 가다가는 가수가 되고자 하는 그녀의 꿈이 물거품이 되리라는 것은 불 보듯 뻔한 일이었다.

그런데 마침 그 나이트클럽에서 노래를 듣던 한 신사가, 잔뜩 주눅이 든 채로 무대 위에서 내려오는 그녀를 불러 세웠다.

"아가씨!"

그는 퉁명스러운 어조로 말을 이었다.

"아가씨가 노래 부르는 것을 유심히 지켜보았는데, 난 아가씨가 우리에게 무엇을 숨기려 드는지 알게 되었소. 튀어나온 이 때문에 신경이 쓰이지요?"

그녀는 당황하여 얼굴이 빨갛게 달아올랐지만, 그 사람은 조금도 개의치 않고 말을 계속했다.

"그런데 그게 무슨 상관입니까! 뻐드렁니가 당신에게 흉이 될 것은 없습니다. 조금도 감출 필요가 없다고 생각해요. 한번 마음껏 입을 벌리고 노래를 불러 봐요. 청중들이 원하는 것은 아가씨의 예쁜 목소리란 것을 기억하세요. 아가씨가 자신감에 넘쳐 노래를 부른다면 그들은 당신에게 찬사를 보낼 겁니다.

혹시 압니까? 지금 당신이 감추려고 드는 뻐드렁니가 아가씨에게 행운을 가져다주는 열쇠가 될지……?"

캐스달리는 그 사람의 충고에 따라 그때부터 자신의 뻐드렁니에 신경을 쓰지 않게 되었고, 청중에게 아름다운 노래를 들려주기 위해서만 온 마음을 쏟았다.

그녀는 입을 크게 벌리고 힘 있는 목소리가 나오도록 노래를 불렀는데, 그 결과 영화에 주연배우로 발탁되는 영광까지 누리게 되었다. 그리고 지금은 그녀의 심벌처럼 되어버린 뻐드렁니를 흉내 내는 코미디언까지 생겨나기에 이르렀던 것이다.

윌리엄 제임스는, 사람은 대개 자신의 잠재적인 정신 능력을 10%밖에는 발전시키지 못한다고 했다. 또한 우리가 지니고 있는 가능성에 비한다면, 우리는 육체와 정신을 극히 일부분밖에는 활용하지 못하고 있다고 말했다.

그렇다면 우리 모두는 그 정도 능력밖에 지니고 있지 않은데, 뛰어난 천재들과 자기 자신을 비교하고 고민하는 일로 단 1초라도 헛되이 보낼 필요는 없는 것이다.

당신은 이 세상에서 가장 존귀하며 새로운 존재인 것이다. 세상에는 당신과 똑같은 인간은 단 한 명도 없었으며, 또한 앞으로도 당신과 똑같은 인간은 결코 나타나지 않을 것이다.

그런데도 사람들은 자기 자신이 아닌 다른 사람이 되고 싶어 하고 그들의 행동을 따라 하려고 애를 쓴다. 그러나 다른 사람처럼 되고 싶고, 다른 사람처럼 행동한다고 해서 자기 자신이 그 사람이 될 수는 없는 것이다.

유명한 영화배우 찰리 채플린은 처음 영화에 데뷔했을 때,

그 당시 인기 절정에 있던 독일 코미디언의 흉내를 내는 삼류 배우에 불과했다.

그러나 그는 '자기 자신이 되어야 한다.' 라는 것을 깨닫게 되었고, 그만의 독특한 이미지를 만들어 냄으로써 세계적인 배우로 발돋움할 수 있었다.

그 밖에도 윌 로저스, 메리 마가렛 맥브라이드, 진 오트리 등등, 무수한 인물들이 쓰라린 경험을 통해서 '자기 자신이 되어야 한다.' 라는 교훈을 배웠고, 그 교훈을 실천함으로써 자신의 인생을 성공으로 이끌 수 있었다.

당신은 이 세상에서 하나밖에 없는 귀중한 존재다. 그러므로 그 기쁨을 누리고, 자연이 당신에게 베풀어준 것을 최대한으로 활용할 수 있도록 노력해야 한다.

# 특별한 아이

 필자가 어렸을 때, 윙기라는 여자아이가 있었다. 윙기는 여자아이였는 데도 우리 꼬마 패거리 중에서 대장 노릇을 했다. 그러한 데는 그럴 만한 이유가 있었다.

 뉴욕 시 로우이스트 사이드의 뒷골목은 하루 종일 북적거리는 곳이었다. 항상 교통사고의 위험이 있는 곳이었다. 그러나 그곳에서 자란 나 같은 아이들에게는 그까짓 위험쯤은 아무것도 아니었다. 커다란 바퀴 사이를 요리조리 재빠르게 피해서 오가는 것에 익숙해져 있었고, 그것은 우리 생활의 일부가 되어 있었기 때문이다.

 그런 환경 속에서도 우리는 즐겁게 놀고는 했다. 거리에서 뛰놀다가 싫증이 나면 우리는 이스트 강으로 갔다. 썩은 오렌지와 멜론이 둥둥 떠다니는 강에서 우리는 수영을 하거나 잠수를 즐겼다. 물놀이에 싫증나면 강에서 나와 무리를 지어서 거리를 쏘다녔다. 그러다 보면 노점 상인들이 팔다 남은 과일이나 식료품 따위를 우리에게 주기도 했다. 그러면 우리 동네 꼬마들은 어깨를 더욱 으쓱이며 다녔고, 별다른 얘기도 아닌데 크게 떠들고 요란하게 웃으며 재미있어 하곤 했다.

우리는 짐차나 마차를 상대로 노는 방법도 알고 있었다. 길가에 서 있다가 갑자기 뛰어들어 위험한 바퀴 사이를 재빠르게 빠져나가는 놀이였다.

그런데 어느 날인가 윙기가 그 놀이에 끼어달라고 했다. 하지만 그런 놀이는 사내아이들만 하는 걸로 인식해 왔던 우리는 윙기의 청을 거절했다. 게다가 윙기는 우리 패거리도 아니었던 것이다.

그러나 윙기는 우리가 노는 근처에서 저 혼자 그 놀이를 즐기기 시작했다. 우리와 함께 하는 것도 아니니 그걸 뭐라고 할 수도 없는 노릇이었다.

그러던 어느 날, 윙기는 마차 두 대 사이를 빠져나오는 모험을 감행했다. 평소 같으면 그 정도는 쉽게 해치울 수 있는 일이었다. 그러나 윙기는 운이 나빴다. 윙기가 모험을 감행하는 순간, 마차 앞으로 개 한 마리가 뛰어든 것이었다. 그러자 놀란 말이 비명을 지르며 앞발을 세웠고, 그 때문에 바퀴의 움직임이 달라져 윙기의 오른팔이 바퀴 사이에 그만 끼이고 말았다.

그 아이의 팔이 떨어져 나가지 않고 위기를 모면한 것은 기적이었다. 그러나 그때부터 윙기의 오른쪽 팔은 V자형으로 꺾어져 굳어지고 말았다. 팔꿈치 윗부분은 어깨에서 수평으로 튀어나오고, 그 아랫부분은 허리를 향해 있었던 것이다. 윙기는 그 팔을 앞뒤로 흔들 수도 있었고 손가락도 쓸 수 있었으나 팔을 똑바로 뻗칠 수는 없었다. 그래서 윙기는 마치 날아가는 새의 날개 모양으로 팔을 펄럭거리며 뛰곤 했다.

그때부터 우리는 그 아이를 '윙기(날개를 갖는 것)'라고 부르게 되었다. 그 아이의 진짜 이름은 메리였다.

메리는 고아였다. 그런 그 아이를 우리 사내아이들은 아이들 특유의 깔보는 마음으로 우리 패거리에 끼워주지 않았다.

아마도 대부분 사람들은 그 정도로 외롭고 불행하면 늘 기가 죽은 채 지낼 것이다. 그러나 메리는 그렇지가 않았다. 늘 사내아이인지 계집아이인지 구별이 안 가는 옷을 입고 다니던 그 아이는 사고를 당한 후에도 여전히 말괄량이었다. 사고를 당하기 전처럼 마차 사이를 뛰어다녔고, 웃고 떠들며 명랑했다. 다만 옛날과 다른 것이 있다면, 수영을 못 하게 되었다는 것이었다. 그 대신 윙기는 이스트 강의 긴 강둑을 따라 걷곤 했다.

그 아이는 다친 팔 때문에 사람들에게 놀림을 받고는 했다. 내가 윙기였다면, 아마도 나는 내 주위에 단단한 껍질을 만들고 그 속으로 들어가, 내 자신을 어둡고 침침한 방 안에 감금시킨 채 운명을 저주하면서 세상과 내 자신을 미워했을 것이었다. 그러나 윙기는 그렇지가 않았다! 여전히 쾌활했고 자기 자신을 포기하지 않았으며, 마침내 강변에서 새로운 생활까지 발견했다.

윙기가 새로운 세계를 발견한 것은 초여름의 어느 날이었다. 한 척의 배가 항구로 들어와 짐을 부려놓으면, 덩치가 좋은 부두 노동자들이 그 짐 덩어리에 갈고리를 찔러 넣어 어깨에 메고는 발을 옮겼다.

그들은 쨍쨍 내리쬐는 햇볕을 저주하면서 몇 시간이고 중노동을 계속해야 했다. 윙기는 그런 하역 작업하는 것을 자주 구경했다. 그러다가 그중 한 노무자와 친해졌다. 그 남자는 갈고리의 명수였는데, 땀을 많이 흘리는 만큼 그의 입에서는 끊임없이 못된 상소리가 흘러나왔다. 그는 윙기가 '나는 여자아이예요.' 라고 말했을 때 깜짝 놀랐다. 그 아이는 남자아이들처럼 옷이 지저분했기 때문이었다.

윙기는 그에게 자신의 희망을 밝혔고, 그는 그것을 다른 사람들에게 말해 주었다. 그래서 노무자들은 윙기에게 도구의 운반이라든가 뛰어다니면서 해야 하는 심부름 따위를 시키기로 했다. 그때부터 그 아이는 V자형 오른손을 앞뒤로 펄럭거리며 왼손으로 물통이나 도구 따위를 주워들고 열심히 날랐다.

 이윽고 윙기는 이스트 강 부두의 명물이 되었다. 그 아이는 일을 해서 점심식사를 거뜬히 해결했고, 급료까지도 받게 되었다. 그 아이로서는 그저 자기에게 맡겨진 일을 열심히 했을 뿐이었는데, 누구나 입에서 침이 마르도록 그 아이를 칭찬하고는 했다.

 10월 말이 되자, 일시적이긴 하지만 날씨가 더워지더니 한낮이면 무척 무더운 날도 있었다. 그럴 때면 우리 꼬마 패거리들은 이스트 강으로 나가서 잔교 끝에 매놓은 작은 모래 운반선에서 놀고는 했다.

 그러던 어느 날, 한참 놀고 있는데 갑자기 쇠를 자르는 듯한 비명 소리가 들려왔다. 우리 일행 중의 한 아이인 레드의 목소리였다.

 우리는 모래 운반선과 잔교 사이로 빠져 들어가는 레드 주위로 모여들었다. 모두들 몸부림치는 레드를 어떻게든지 끌어올리려고 했지만 그건 불가능했다. 때마침 강바람이 불어와 운반선을 잔교 쪽으로 밀어붙였기 때문이었다.

레드는 계속 살려달라고 비명을 질러댔다. 아마도 그냥 놔두었다가 재수 없게 돌풍이라도 불어오면 레드는 눌려 죽고 말 것이었다.

우리는 우왕좌왕 어찌할 바를 몰랐고, 어떻게 할 수도 없었다. 레드가 끼어 있는 곳에 접근할 수 있는 장소가 너무 좁아서, 한 사람밖에는 자리할 수가 없었던 것이다. 그리고 우리 가운데에는 아무도 혼자 힘으로 레드를 끌어올릴 만큼 힘이 센 애들이 없었다.

그런데 한 사람이 빠르게 달려왔다. 놀랍게도 불구의 팔을 가진 윙기였다. 우리는 그 아이에게 오지 말라고 소리쳤다. 그러나 윙기는 아이들을 제치고 나아가 잔교에 무릎을 꿇고 앉았다. 그리고 왼손을 레드에게 내밀어 붙잡았다. 그러더니 단숨에 레드를 잔교 위로 끌어올려 버렸다.

우리는 깜짝 놀랐다. 모두들 자신의 눈을 의심하지 않을 수 없을 정도였다. 윙기는 부두에서 일하는 동안에 왼팔이 오른팔의 몫까지 할 수 있도록 강해져 있었던 것이다.

그녀는 일약 우리의 스타가 됐다. 그리고 우리는 만장일치로 윙기를 우리 패거리의 대장으로 추대했다. 우리는 그녀를 진심으로 존경하게 되었다. 그녀는 단순한 말괄량이 계집아이가 아니라 꺾이지 않는 정신과 강인한 의지를 가진 소녀였다.

후에 수술을 받아서 그녀의 오른팔은 정상으로 되돌아왔다. 그리고 10대 말이 되면서부터 그녀는 점점 여자다워졌고, 몇 년 뒤에는 결혼해서 아이를 낳고 잘살게 되었다.

윙기는 특별한 아이였다. 그녀는 신체적 장애를 비관해서 생을 포기하거나 자기 자신을 학대하는 따위의 어리석은 짓을 하지 않았다. 게다가 그런 불행을 통해서 그녀는 자신의 정신력을 강화시킬 줄 아는 대단한 능력의 소유자였다.

지금 내 머릿속에 강하게 남아 있는 것은, 윙기가 레드를 구출한 행위보다도 그녀가 그런 어려움에도 불구하고 꿋꿋하게 살았다는 사실이다. 이미 어린 시절에 그녀는 고통스런 상태에서도 물러서지 않고, 오히려 그걸 새롭게 태어날 수 있는 기회로 삼아 강인한 인간으로 거듭나는 방법을 체득하고 있었던 것이다.

# 들어주는 기쁨

얼마 전 친구 집에 초청받아 갔을 때, 브리지(카드놀이의 일종) 게임이 벌어졌다. 그러나 아쉽게도 필자는 브리지 게임을 할 줄 몰랐으므로 우두커니 앉아서 구경만 하다가, 나처럼 게임을 할 줄 모르는 어떤 금발의 부인과 대화를 나누게 되었다.

"선생님은 여러 나라를 여행하셨다는데, 여행하시면서 겪었던 이야기를 들려주세요. 참 재미있을 것 같은데……."

"네, 얼마 전까지만 해도 틈만 나면 짐을 꾸려가지고 여행에 나서곤 했었는데……."

이렇게 내가 목청을 가다듬고 이야기를 시작하려 하는데, 갑자기 그녀가 내 말의 허리를 끊었다.

"그러세요? 저도 여행을 좋아한답니다. 시간이 없어서 자주 가지는 못하지만, 이번에 큰 맘 먹고 아프리카에 다녀왔어요."

그 후 45분 동안, 그녀는 내가 어디를 여행했으며, 무엇을 보았는지에 대해서 다시는 물어보지 않았다. 그녀는 내 이야기를 듣고 싶었던 것이 아니라 자기 여행담을 들어줄 상대를 찾았던 것이다. 그래서 그녀는 자신의 이기심의 날개를 활짝 펼쳐놓고 자랑하고 싶었던 것을 마음껏 이야기할 수 있었던 것이다.

또, 어느 만찬에서 저명한 식물학자를 만난 적이 있었다.

나는 일찍이 식물학자와는 이야기를 나눠본 적이 없었기 때문에 식물에 관한 그의 지식에 매혹되고 말았다. 나는 의자에 앉아서 양귀비와 인도의 대마, 또는 감자에 얽힌 놀라운 사실들과 화초에 관한 이야기를 경청했으며, 그는 우리 집에 있는 화초들에 관해 내가 갖고 있는 몇 가지 의문점들을 알기 쉽게 풀어주었다. 그리고 그의 얘기가 얼마나 재미있었던지, 나는 10여 명이 동석해 있는 만찬회 석상에서 예법도 잊어버린 채 그 식물학자와 세 시간 동안이나 이야기를 나눴다.

만찬회는 자정이 다 되어서야 끝나게 되었는데, 그때 그 식물학자가 주인에게 나를 칭찬하며 '이야기를 참 재미있게 하는 사람'이라고 추켜세우는 것이었다.

내가 이야기를 재미있게 하는 사람이라고? 도대체 내가 무슨 말을 했던가? 식물에 관해서 아는 것이라곤 전혀 없었기 때문에 말하고 싶어도 한 마디도 제대로 할 수 없는 내가 아니었던가? 그렇다면 어떻게 이런 결과가 나왔을까?

나는 곰곰이 생각한 끝에 결론을 내릴 수 있었다.

상대방의 말에 귀를 기울여준다는 것은 상대방에게 표할 수 있는 최고의 경의인 것이다. 그런데 나는 그의 이야기가 정말로 흥미로웠기 때문에 그 사람의 말에 열심히 귀를 기울였다. 그 또한 내가 열심히 자기 이야기에 귀를 기울이고 있다는 사실을 인식했기 때문에 기뻐했고, 그래서 우리가 보낸 시간들이 조금도 지루하지 않았던 것이고 내가 '이야기를 재미있게 하는 사람'이라고 그는 느꼈던 것이다.

J. 우든은 어떤 백화점에서 양복을 한 벌 샀다. 그러나 그는 곧 실망을 하고 말았다. 양복을 세탁했는데, 물감이 빠져 색이 바랜 듯한 느낌을 주었기 때문이었다.

그는 그 양복을 가지고 백화점으로 가서 처음 그 물건을 팔았던 직원에게 그 사실을 말했지만, 곧 말문이 막혀버렸다. 직원이 볼멘소리로 그에게 먼저 항의를 했기 때문이었다.

"절대 그럴 리가 없습니다. 우리는 이런 것과 똑같은 양복을 수천 벌이나 팔았습니다만, 이렇게 트집을 잡는 경우는 이번이

처음입니다."

시비를 거는 듯한 직원의 말에 그는 화가 치밀어 올랐다.

"아니, 뭐라구요? 그럼 내가 거짓말을 했다는 겁니까?"

"그렇지 않고서야 멀쩡한 양복이 이렇게 될 리가 있나요? 저희들한테 모두 뒤집어씌울 심산이 아닌가요? 다른 사람은 아무 말이 없는데 손님만 그렇잖아요."

게다가 그들이 언쟁을 하고 있는데, 다른 직원 하나가 참견을 했다.

"이 양복은 처음에는 조금씩 물이 빠지는데 그건 어쩔 도리가 없어요. 그 값으로는 그런 양복밖에는 살 수 없거든요."

그는 그 직원의 말을 듣고는 화가 절정에 이르렀다. 한 직원은 그의 정직성을 의심했고, 또 다른 직원은 그가 산 물건이 싸구려이기 때문에 그렇다는 것이었다.

그가 양복을 바닥에 던져버리려고 할 때, 다투는 소리를 듣고 마침 그 매장의 책임자가 그들 사이에 끼어들었다. 그리고 그 책임자는 우든의 마음을 완전히 바꿔놓았다.

그럼 그 책임자가 어떤 방법을 사용했는지 알아보기로 하자.

• 그는 우든의 불만을 처음부터 끝까지 한마디의 대꾸도 없이 들어주었다.

• 직원들은 자신들의 행동에 대해서 변명하고 합리화시키려 했지만, 그는 우든이 이야기를 마치자, 그 직원들을 상대로 우든의 입장을 두둔하고 나섰다. 그는 우든이 산 양복에서 물이 빠진다는 사실을 지적했고, 믿을 수 있는 백화점이라면 손님을 만족시켜주지 못하는 물건은 절대로 팔아서는 안 된다고 주장했다. 마치 손님처럼.

• 그는 직원의 무례함과 질이 나쁜 물건을 판매한 것에 대해 정중히 사과하고, 우든이 요구하는 대로 일을 처리하겠다고 말했다.

몇 분 전까지만 해도 그 양복을 바꿀 생각이었던 우든은 책임자의 말을 듣고 생각을 바꿨다.

"물이 빠지는 상태가 일시적인 것인지, 달리 무슨 방법은 없는지 알고 싶습니다. 일시적이고 별로 색이 변하지 않는다면 그냥 입을 수도 있는 일이니까……."

백화점 책임자는 우든의 말을 듣고는 그렇다면 1주일만 더 입어 볼 것을 권하면서, 그때 가서도 만족스럽지 못하면 다른 것과 바꿔주거나 환불해 주겠다고 약속했다.

우든은 흡족한 마음으로 그 백화점을 나왔다. 그리고 1주일이 지났지만, 그 양복에 더 이상의 하자가 없었기 때문에 그 백화점에 대한 신용은 완전히 회복되었다.

말을 잘하는 사람이 되기를 원한다면 다음의 원칙을 따라야 한다.

- 상대방의 말을 귀담아듣는 사람이 되어야 한다.
- 상대방이 쉽게 대답할 수 있는 것을 질문한다.
- 상대방이 자신을 자랑할 수 있도록 유도한다.
- 상대방의 관심은 오직 자기 자신에게만 집중되어 있다는 사실을 상기한다. 아무리 중국에서 가뭄으로 1백만 명이 죽어 넘어가도 그 사람의 치통보다는 덜 심각하며, 그의 목에 생긴 종기는 아프리카에서 일어난 40번의 지진보다도 더 중요한 관심의 대상인 것이다.
- 항상 내가 이야기할 차례는 상대방 다음이라는 것을 기억한다.

# 아낌 없는 칭찬

 우체국에서 우편물을 보내기 위해 줄을 서서 차례를 기다리던 중이었다. 등기부의 담당 직원은 오늘도 어제와 마찬가지로 우편물의 무게를 달고, 우표와 거스름돈을 주며, 영수증을 끊어주는 등의 똑같은 일이 되풀이되는 것에 잔뜩 짜증이 난 표정이었다.

 나는 차례를 기다리면서 잠시 생각해 보았다.

 '저 사람이 나에게 호의를 갖도록 만들어 보자. 그러기 위해서는 그에 관한 칭찬을 해야 하는데, 그에게서 내가 정말로 감탄할 만한 것이 무엇일까?'

 이것은 참으로 힘든 문제이며, 특히 상대방이 초면일 경우에는 더욱 쉽지가 않다. 그런데 이번에는 아주 쉽게 해결되었다. 그에게서 감탄할 만한 것을 발견할 수 있었기 때문이다.

그가 내 편지의 무게를 달고 있을 때, 나는 진심 어린 목소리로 이렇게 말했다.

"참 멋진 머리카락을 지니고 계시는군요. 부럽습니다!"

그는 놀라움이 섞인 표정으로 나를 쳐다보더니 이내 얼굴에 미소를 띠었다.

"뭘요, 요즘에는 아주 볼품이 없어진걸요."

그는 겸손하게 말했다.

그전에 그의 머리카락이 어떠했는지는 알 수 없지만, 참으로 멋진 머리카락이었기 때문에 나는 진심으로 감탄했고, 이런 나의 마음을 알아챈 그의 기쁨 또한 큰 모양이었다. 우리는 비록 짧은 시간이긴 했지만 유쾌하게 이야기를 나눌 수 있었고, 그날 그는 즐거운 마음으로 근무했을 것이다.

이 이야기를 나는 어느 공개석상에서 소개한 적이 있었다. 그러자 내 이야기를 듣고 난 어떤 사람이, 무엇을 기대하고 내가 그 사람을 칭찬했는지를 묻는 것이었다.

내가 무엇을 기대하고 칭찬을 했느냐고 물어본다면 참으로 쑥스러울 수밖에 없다. 상대방을 칭찬하고 꼭 무엇인가를 받아야만 속이 시원해지는 그런 인색한 사람이라면 아무것도 얻을 수 없기 때문이다.

그런데 실은 나 역시도 대가를 바라고 있었다. 하지만 내가 바라는 것은 돈으로도 못 사는 그런 것이었다. 그것은 상대방을 기쁘게 해주고, 그러면서도 그에게는 아무런 부담감도 심어주지 않았다는 후련한 기분이었기 때문이다.

난 그것을 얻었으며, 그 기분은 언제까지나 즐거운 추억으로 나의 기억 속에 남아 있을 것이다.

인간의 행위에 있어서 중요한 법칙이 하나 있다. 이 법칙을 충실히 따를 수만 있다면 대부분의 분쟁은 피할 수 있으며, 이것을 지킬 수만 있다면 친구들이 늘어나고 행복 또한 스스로 찾아오기 마련이다.

이 법칙이란 상대방이 자신의 중요성을 느끼도록 만드는 것이다.

앞에서도 설명한 바 있지만, 존 듀이 교수는 '중요한 인물이 되고 싶다.' 라는 욕망은 인간의 가장 뿌리 깊은 욕구라고 말했다. 또한 윌리엄 제임스 교수는 '인간성의 바탕을 이루고 있는 것은 상대방에게 인정받고 싶은 기대감' 이라고 했다.

그렇다. 이 욕망은 인간과 동물을 구별 짓는 경계선이었으며, 인류의 문명이 이런 인간의 욕망에 의해 발전되어 왔다고 해도 과언이 아니다.

인간이라면 누구나 주위 사람들로부터 인정받기를 원한다.

또한 자기가 중요한 존재라는 사실을 느끼고 싶어 한다. 이처럼 주위 사람들에게 '진정한 인정과 아낌없는 칭찬'을 받고 싶은 것은 인간의 공통된 마음이다.

인간관계에 있어서 가장 중요한 법칙은 '상대방이 나에게 해주기를 원하는 것처럼, 나도 상대방에게 베풀라.' 라는 것이다.

'칭찬받기를 원하면 먼저 칭찬부터 하라.' 는 법칙을 제일 먼저 자기 가정에서부터 실험해 볼 일이다. 칭찬은 가정에서부터 필요로 하는 곳이며, 가정만큼 칭찬에 인색한 곳도 없기 때문이다.

어떤 아내(또는 남편)에게도 반드시 장점은 있다. 적어도 서로가 그 점을 인정했기 때문에 결혼이 성립되었음이 틀림없다. 서로의 매력에 대해서 얼마나 칭찬에 인색했었는지 자신에게 반문해 보기 바란다. 그런 측면에서 도로시 딕스 여사가 쓴 기사를 여기 소개해 본다.

칭찬의 말을 능숙하게 할 수 있을 때까지는 결코 결혼해서는 안 된다. 독신으로 있는 동안은 여성을 칭찬하거나 말거나 그건 자유겠지만, 일단 결혼하고 나면 상대방을 칭찬해 주는 것이 필수조건이다. 이것은 자신의 평화와 가족의 평온함을 위해서도 필수적이다.

솔직한 언행은 금물이다. 결혼은 외교 전쟁인 것이다.

만족스런 일상생활을 영위하려면 결코 아내가 살림하는 방법을 비난하거나 짓궂게 자기 어머니의 방법과 비교를 한다든지 해서는 안 된다. 오히려 자기 어머니와는 다르게 아내가 살림을 잘한다는 것을 칭찬하고, 재색을 겸비한 이상적인 여성과 결혼할 수 있었던 행운에 대해 감사하는 것처럼 행동해야 한다.

예를 들어, 비프스테이크가 소가죽처럼 질기게 되고 토스트가 숯처럼 검게 타 있어도 결코 불평해서는 안 된다. 그럴 때는 "오늘은 평상시만큼 잘되지는 않았네." 하는 정도로 가볍게 말해 준다. 그러면 아내는 남편의 기대에 어긋나지 않게 하려고 뼈가 가루가 되도록 일을 할 것이다.

이 방법은 갑자기 시작하기에는 좀 어색하다. 아내가 이상하게 생각할 것이기 때문이다. 그러니 오늘 밤이나 내일 밤쯤 아내에게 꽃이나 과자를 선물하자.

"그럴듯한 이야기인데……." 하는 정도로 생각만 해서는 아무 소용이 없다. 실제로 실천해야 한다. 그러고는 얼굴에 웃음을 담고, 다정한 말을 한두 마디 걸어준다.

이를 실행하는 부부가 많아지면 많아질수록 이 세상의 이혼

율도 6분의 1쯤은 줄어들 것이 틀림없다.

   어떤 여성의 환심이나 사랑을 획득하는 방법에 대해 알고 싶다면 그 비결을 하나 가르쳐 주겠다. 대단히 효과가 있는 방법으로, 실은 필자가 발견한 것이 아니라 도로시 딕스 여사에게 배운 것이다.
   여사는 23명의 여자들의 마음과 저금통장을 차례차례 손아귀에 넣은 유명한 결혼 사기범과 인터뷰를 한 적이 있었다(인터뷰의 장소는 형무소였다).
   "당신은 어떤 방법으로 그 여자들에게서 사랑을 얻을 수 있었지요? 특별한 재주라도 있으신가요?"
   "글쎄요…… 보시다시피 전 잘생기지도 않았고 말도 잘하지 못합니다."
   "기분 나쁘실지 모르겠지만, 그래도 당신이 한 행위는 아무나, 아무 능력도 없는 사람이 할 수 있는 것은 아니지요."
   "천만에요, 누구나 할 수 있는 겁니다. 구태여 꼬집어 말하라면…… 그 여자 얘기에만 열심히 귀를 기울이거나, 그 여자에 관한 얘기만 하는 겁니다. 그러면 만사 오케이지요."
   상대방의 말을 열심히 들어주고, 상대방에 관한 이야기만 줄곧 해대는 방법은 여성뿐만 아니라 남성에게도 효과적이다.

영국의 대정치가인 디즈레일리의 말이다.

"상대방에 관한 일만을 이야기한다. 상대방은 몇 시간이고 귀를 기울여도 싫증 내지 않을 것이다."

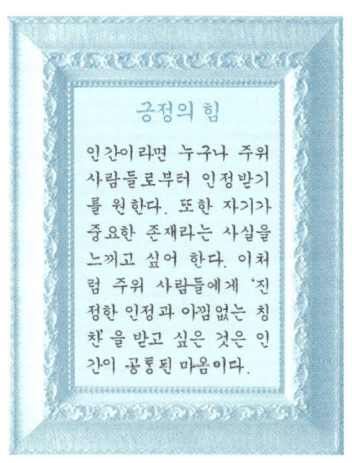

### 긍정의 힘

인간이라면 누구나 주위 사람들로부터 인정받기를 원한다. 또한 자기가 중요한 존재라는 사실을 느끼고 싶어 한다. 이처럼 주위 사람들에게 '진정한 인정과 아낌없는 칭찬'을 받고 싶은 것은 인간이 공통된 마음이다.

# 스스로 움직이게 하라

 사람의 마음을 진정으로 움직이는 비결은 이 세상에 단 한 가지밖에 없다. 그 사람 스스로 움직이고 싶다는 기분을 불러일으키는 것이다.

 물론 다른 사람의 강압에 의해 마음을 움직일 수도 있다. 종업원에게 해고시켜 버리겠다고 위협함으로써 협력을 강요할 수도 있으며, 상대에게 엄포를 놓음으로써 자신의 뜻대로 사람들의 행동을 조종할 수도 있을 것이다. 그러나 이러한 방법들의 결과는 좋을 수가 없는 것이다. 그러므로 사람을 움직이려면 그가 원하는 것이 무엇인지를 명확히 파악하여 마음을 움직임으로써 원하는 것을 갖게 될 수 있는 것이다. 상대에게 확신을 심어주는 것이 최선의 방법이라는 것이다.

그렇다면 사람들은 무엇을 원하고 있는가.

20세기의 위대한 심리학자인 지그문트 프로이트 박사는, 인간의 모든 행동은 '성 충동'과 '위대해지려는 욕망'이라는 두 가지 동기에서 비롯된다고 했다.

영국의 소설가인 찰스 디킨스가 위대한 작품을 남기게 된 것도, 18세기 영국의 유명한 건축가인 크리스토퍼 렌이 훌륭한 건물을 지은 것도, 록펠러가 막대한 부를 축적하게 된 것도 모두가 '위대해지려는 욕망'에서 비롯된 것이다.

우리는 이러한 욕구의 현상을 어디서든 볼 수 있다. 돈 많은 사람이 필요 이상으로 커다란 저택을 짓는다거나, 최신 유행의 의상을 걸치고 신형 자동차를 몰고 싶어 한다니, 자기 자식 자랑을 한다거나 하는 것도 모두 이 욕구의 발로인 것이다.

이 '위대해지려는 욕망'은 다시 말하면 자기 자신의 중요성에 대한 욕구가 아닐까 싶다.

'비엔나에서의 재회'라는 유명한 연극의 주연으로 활약했던 알프렛 런트도 "나에게 가장 필요한 영양소는 내 자신을 높이 평가해 주는 말이다."라고 했다.

그런데 우리는 '자식'이라는 가장 소중한 존재에게 필요한 영양소를 공급하는 데 소홀한 경향이 있다. 아이들의 신체적인 영양 공급에는 힘쓰지만, 정신적인 영양분 공급에는 별 관심을 기울이지 않고 있는 것이다.

아이들에게 있어서 최고의 영양분은 한 마디의 부드러운 칭찬과 격려이며, 그것들은 새벽하늘에 빛나는 별들처럼 언제까지나 그들의 기억에 남아 마음의 양식이 되어주는 것이다.

'참 어처구니없군! 말도 안 되는 소리야! 그런 공치사나 아첨 따위의 낡은 수법에 조금이라도 지각이 있는 사람이라면 넘어갈 리가 없지!'

독자 중에는 이렇게 생각하는 사람도 있을 것이다. 물론 지각 있고 분별력을 지닌 사람이라면 아첨이나 공치사가 천박하고 뻔히 그 속이 들여다보이는 것이므로 그것이 통용되지 않는 건 지극히 당연한 일이라고 생각할 것이다. 그러나 굶주려 아사 직전에 이른 사람이 어떤 풀이나 벌레라도 가리지 않고 닥치는 대로 집어먹는 것처럼, 아첨이나 공치사라도 좋아라 하며 덥석 집어삼킬 정도로 자신에 대한 칭찬에 굶주린 사람들이 세상에 많다는 사실도 기억해 두기 바란다.

영국의 빅토리아 여왕도 아첨을 좋아한 흔적이 보인다. 그 당시의 재상이었던 디즈레일리는 이 여왕의 비위를 맞추기 위해 무척 고심했었다고 토로했다. 그런데 그로 말하자면 대영제국의 재상 중에서도 손꼽힐 정도로 세련된 사교의 천재로서, 그의 말을 빌리자면 '인두로 펴서 바르듯이' 여왕에게 아첨의 말을 잘했다고 한다.

만약 우리가 디즈레일리가 사용했던 방법을 사용한다면 어떨까? 아마도 효과를 거두기가 힘들 것이다. 왜냐하면 '아첨'이란 것은 겉으로만 그럴듯하게 보이는 가짜이기 때문이다. 위조지폐와 마찬가지로 마구 쓰다 보면 결국에는 화를 불러오게 마련이다.

그러나 아첨과 칭찬은 엄연히 다르다. 아첨은 거짓인데 반해 칭찬은 진실이다. 칭찬은 마음속에서 우러나오지만 아첨은 혓바닥 끝에서 생겨난다. 칭찬은 무조건적이지만 아첨은 이기적이다. 칭찬은 모든 사람이 좋아하지만 아첨은 모든 사람이 싫어한다.

필자는 멕시코시티의 차파르테펙 궁에 세워진 오브레곤 장군의 흉상을 구경한 적이 있었다. 그런데 그 흉상에는 다음과 같은 오브레곤 장군의 신조가 새겨져 있었다.

"원수를 두려워할 필요는 없다. 그러나 달콤한 말을 하는 친구는 두려운 존재이다."

달콤한 말을 상대방에게 해줄 것을 권하는 것이 아니다. 필자가 권하는 것은 '새로운 생활 방법'이다.

어떤 글을 읽다가 발견한 것인데, 아첨에 대해서 아주 적절한 비유 같아서 여기에 소개해 보겠다.

"아첨이란 상대방의 자기 평가와 일치되는 것을 말해 주는 것이다."

음미해 볼 만한 말이다.

에머슨은 이렇게 말했다.

"어떤 사람이라도 어떤 면에서는 내 자신보다 뛰어난 면이 있기 마련이다."

어떤가? 자기 자신의 장점만을 생각하기보다는 상대방의 장점에 대해 깊이 생각해 보면 어떨까? 그렇게 된다면 낯간지러운 아첨 따위는 아무런 소용이 없을 것이다.

거짓이 아닌 진심에서 우러난 칭찬을 하자! 그렇게 할 수만 있다면 칭찬을 들은 상대방은 그 칭찬을 마음속 깊이 간직하고 평생 잊지 않을 것이다. 주는 사람은 잊어버릴지라도, 받는 사람은 길이 간직하고 마음 흐뭇해할 것이다.

## 긍정의 힘

아첨과 칭찬은 다르다. 아첨은 거짓인데 반해 칭찬은 진실이다. 칭찬은 마음속에서 우러나오지만 아첨은 혓바닥 끝에서 생겨난다. 칭찬은 무조건적이지만 아첨은 이기적이다.

# 내 마음 속에 쌓는 재산

　필자는 어떤 일 때문에 한 사업가를 만나야 했다. 만나기 전에 그에 대한 평판을 들을 수 있었는데, 그를 만났던 모든 사람들은 입을 모아 이렇게 말하는 것이었다.

　"그 사람과 만나서 한 15분쯤 지나면 그의 입에서 쏟아지는 불평을 들어야 할 거요."

　그런데 그를 만나보니 과연 사실이었다.

　그는 중소기업을 운영하고 있는데, 성탄절에 직원들에게 보너스를 주었다고 한다. 그런데 그 보너스를 받고도 누구 하나 고맙다는 인사가 없었다는 것이다.

　"그럴 줄 알았으면 한 푼도 주지 않았을 것이오."

이미 몇 개월이 지난 일이었지만, 그는 그때 일을 생각하면 화가 가시지 않았던지 얼굴을 붉히면서 불평을 쏟아내는 것이었다.

그의 분노는 대단했지만, 내 생각에는 그가 화를 내기 이전에 우선 왜 그들에게 고맙다는 인사를 받지 못했는지 그 이유를 아는 것이 무엇보다도 중요하다고 생각했다.

그는 급료도 적게 주면서 직원들을 너무 혹사시켰을지도 모른다. 또는 직원들이 그 돈을 성탄절 보너스라고 생각하지 않고 급료의 일부로 생각했을 수도 있다. 그렇지 않으면 사장이 너무 잔소리가 심하고 까다로워서 고맙다는 인사를 하고 싶은 마음이 아예 생기지도 않았거나 까맣게 잊었을지도 모른다. 또는 어차피 세금으로 나가게 될 테니까 직원들에게 선심이나 쓰자는 마음으로 사장이 내놓았을 것이라고 생각할 수도 있다. 물론 어떠한 경우라도 경영자로선 직원들이 이기적이며 버릇이 없다고 생각할 것이다.

성경에 보면, 예수님은 10명의 나환자를 고쳐주었다고 한다. 그런데 그중 오직 한 사람만이 예수님을 찾아와 감사를 드렸다.

그러자 예수님께서는 제자들을 돌아보며 "다른 아홉 사람은 어디 있는가?" 하고 물었다. 아홉 사람은 병이 낫자, 한 마디 인사도 없이 자신의 집으로 가버린 것이었다.

그렇다면 예수님은 어떻게 생각했을까? "이런, 배은망덕한 놈들!" 하고 분노하면서, 다시는 사람들의 병을 고쳐주지 않겠다고 마음먹었을까? 아니다. 그는 묵묵히 다른 환자들도 치료해 주었다.

만일 당신이 누군가에게 돈을, 그것도 1백만 달러나 되는 큰 돈을 주었다고 한다면, 그 사람이 당신에게 고마워서 어쩔 줄 몰라 할 것 같은가?

앤드류 카네기가 바로 그런 일을 했다.

그는 자신의 친척에게 1백만 달러를 유산으로 물려주었다. 그렇다면 그 유산을 받아든 친척은 뛸 듯이 기뻐했을까?

천만의 말씀이다. 그는 화를 냈다. 카네기가 자선 사업에는 3억 달러나 기부했으면서도 자신에게는 1백만 달러밖에는 주지 않았다는 것이 그 이유였다.

만사가 이런 법이다. 이것이 인간의 자화상인 것이다. 사람이 다른 사람에게 도움을 받았을 때, 그 고마움을 잊는 것은 지극히 자연스럽고 당연한 이야기라는 사실이다. 그렇기 때문에, 이처럼 다른 사람에게 도움을 주고도 그 사람에게 고맙다는 표현을 듣지 못했다고 해서 자신의 마음을 괴롭힌다면 참으로 어리석은 일이 아닐 수 없다.

따라서 우리가 무엇인가를 베풀려 한다면 그 사람에게 무엇인가를 기대해서는 안 된다. 그러다가 뜻밖의 감사를 받게 되면 그것은 놀라운 기쁨이 될 것이며, 설령 감사를 받지 못한다 하더라도 화낼 까닭이 없게 되는 것이다.

그러므로 순수한 마음으로 아낌없이 베풀 자신이 없다면 차라리 포기하는 것이 정신 건강에 도움이 된다.

# 상대적 사고

1931년 흉악한 살인범이며 명사수인 '쌍권총 크롤레'가 사형선고를 받고 싱싱 형무소의 전기의자에 앉게 되었을 때, 그는 과연 '수많은 사람들을 죽였으니까 내가 이렇게 된 것도 모두 자업자득이지.'라고 생각하며 참회했을까?

결코 그렇지 않았다.

크롤레의 마지막 말은

"나는 나 자신을 지키려고 했던 것뿐인데 억울하게 이런 꼴을 당하다니!"였다.

암흑가의 유명한 왕자 '알 카포네'는

"내 생애의 황금기를 바쳐가며 사람들을 도와주고 즐겁게 해주기 위해 노력했는데, 그 대가가 온 세상의 비난과 범죄자란 낙인뿐이란 말인가!"라고 하였다.

일찍이 시카고를 손아귀에 쥐고 흔들며 미국을 공포의 도가니로 몰아넣었던 흉악한 '알 카포네'도 자기 자신을 악한 자라고 생각지 않았던 것이다.

싱싱 형무소장인 워든로즈의 말에 따르면, 흉악무도한 수형자들 중에서 자기를 악한이라고 생각하는 사람은 극히 드물다는 것이다.

그런 사람들까지 자기 자신을 나쁘다고 생각지 않는데 하물며 보통 사람들은 어떻겠는가?

'사람은 아무리 자기가 흉악한 일을 저질렀다 하더라도 결코 자신을 나쁘게 생각하지 않는다.'

필자는 유감스럽게도 나이 40이 넘어서야 이 사실을 서우 깨닫기 시작했다.

그러므로 다른 사람을 비난한다는 것은 그 누구에게도 아무런 도움이 되지 않는 행동이다. 비난하는 사람은 감정이 격앙되어 이성을 잃기 쉽고, 비난받는 사람은 곧 방어 태세를 갖추면서 어떻게 해서든지 자신을 정당화하려고 든다. 또한 비난받는 사람은 자존심이 상하게 되어 반항심을 갖게 마련이므로 서로의 관계가 악화되기 십상이다.

그래서 독일군 규율에는 내부에 불만스러운 일이 발생해도 그 즉시 불평을 토로하거나 비난하는 것을 허용치 않았다. 아무리 불만스러운 일이 발생해도 하룻밤을 자고 나면 어느 정도 마음이 가라앉기 때문에 그 상황을 이성적으로 대처할 수 있다는 것이다. 이 규칙은 매우 엄격하다. 만약 그 즉석에서 불평하는 병사가 발견될 경우, 그 병사는 처벌받게 된다.

이 규칙은 일반 사회에서도 훌륭하게 적용될 수 있다. 잔소리가 심한 부모, 바가지를 긁는 아내, 고용인을 들볶는 고용주 그리고 다른 사람들을 비난하려고만 드는 사람들에게 한번 권해 볼 만한 방법이다.

다른 사람의 결점을 교정해 주려는 마음씨는 분명히 훌륭하고 칭찬받을 만한 것이다. 그러나 우선 자신의 결점을 고치는 일이 중요하지 않을까.

이기주의적인 생각일지는 모르겠지만, 함부로 다른 사람의 결점을 꼬집기보다는 자기 자신의 결점을 고치려는 시도가 훨씬 더 유익하며 건전한 방법이 아닐까.

죽을 때까지 다른 사람의 원망을 사고 싶은가? 그렇다면 방법은 아주 간단하다. 그 사람을 신랄하게 비평하면 된다. 그리고 그 비평이 정확하고 타당한 것일수록 더욱 효과가 클 수 있다.

사람들은 자신을 논리적인 동물이라고 생각하지만 그건 큰 오산이다. 인간은 감정의 동물이고 편견에 가득 차 있으며, 자존심과 허영심에 휩싸여 행동하는 어리석고 가련한 존재이다. 그러므로 인간을 비난하는 행위는 다이너마이트를 짊어지고 '자존심'이라는 불길 속으로 뛰어드는 것처럼 참으로 어리석은 행동에 지나지 않는 것이다.

'다른 사람의 단점은 절대로 끄집어내지 않으며 장점만을 부각시킨다.'

이것은 벤저민 프랭클린의 생활 철학으로써, 평범하고 내성적인 한 청년을 탁월한 외교가로 만든 비결이었다.

상대방을 비판하거나 비난하는 행위는 바보라도 능히 할 수 있는 일이다. 아니, 오히려 바보일수록 그러한 것을 즐기는 법이다. 그러니 이해와 관용은 쉽게 얻어지는 것이 아니다. 끊임없는 자기 성찰과 노력으로써 획득할 수 있는 것이며, 이것이야말로 인간이 지닐 수 있는 최고의 미덕인 것이다.

그러나 감정이 앞서는 우리로서는 지키는 것이 참으로 힘든 일이기는 하지만, 그렇다고 불가능한 것은 아니다.

우선 상대방이 왜 그런 행위를 하게 되었는지 곰곰이 생각해 보도록 힘써 보자. 그리고 상대방을 이해하려고 노력해 보자.

'모든 것을 알게 되면 모든 것을 용서하게 된다.'

이런 속담도 있는 것처럼, 그런 과정을 거치다 보면 자연스럽게 상대방에 대한 이해와 관용 등이 저절로 생겨나게 마련이다.

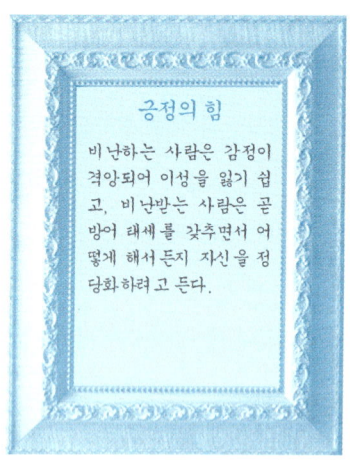

긍정의 힘

비난하는 사람은 감정이 격앙되어 이성을 잃기 쉽고, 비난받는 사람은 곧 방어 태세를 갖추면서 어떻게 해서든지 자신을 정당화하려고 든다.

# 내 안에 독을 키우지 마라

 인생을 가리켜 '무익한 것이며 끝없는 괴로움의 연속'이라고 주장했던 독일의 철학자 쇼펜하우어는 길을 걸을 때면 '우울함'이 발자국마다 배어날 정도였다. 그런데 이처럼 절망과 허무로 똘똘 뭉친 쇼펜하우어도 '되도록이면 누구한테라도 원한을 품을 필요가 없다.'라고 말했다.
 화를 낼 줄 모르는 사람은 '바보'지만, 화를 내지 않는 사람은 '현자賢者'라는 말이 있는데, 한 흑인 목사에게서 바로 그런 현자의 모습을 살펴보자.

 1918년 미시시피의 산속에서 벌어진 극적인 사건이 있었다.

흑인 목사 겸 교사인 로렌스 존스가 백인들에게 처참할 정도로 린치를 당한 사건이었다.

로렌스 존스는 배우지 못한 흑인들을 깨우치기 위해 파이니 우즈 컨트리 학교를 창립한 사람이었다. 이 학교는 오늘날은 매우 유명하지만, 그 당시만 하더라도 초창기였으므로 한 작은 마을의 흑인 학교에 지나지 않았다. 그런데 이 린치 사건은 모든 사람의 신경이 날카로웠던 제1차 세계대전 중, 독일 사람들이 미시시피 중부 지방에서 흑인들을 선동하여 반란을 일으키려 한다는 유언비어가 떠돌고 있을 무렵에 발생한 일이었다.

백인들이 이 유언비어로 인해 은근히 겁을 먹고 있을 즈음, 어느 날 교회에서 존스 목사가 신도들을 모아놓고 설교를 하고 있었다. 물론 신도들은 모두 흑인들이었다.

"…… 인생은 투쟁입니다. 그러므로 그것을 무찌르고 이겨 내려면 우리 흑인들은 모두 주님의 갑옷을 입고 용감하게 싸워야만 합니다……"

그런데 우연히 백인 청년들이 교회 앞을 지나가다가 그 설교를 듣게 되었다. 그러나 전체 문장을 다 들은 것이 아니라 '싸우자.', '갑옷.', '투쟁.'이란 단어들만 들었고, 그들은 목사가 흑인들을 선동하고 있다고 단정하고는 백인 마을로 달려가 이 사실을 알렸다.

그러자 흥분한 백인들이 어둠을 뚫고 달려와 교회를 포위하고는 존스 목사를 끌어냈다. 그러고는 그의 목에 밧줄을 감은 뒤 끌고 다니며 때린 다음, 산속으로 데리고 들어간 것이다.

그곳에는 이미 화형을 시킬 만반의 준비가 되어 있었고, 사람들은 그를 장작더미로 둘러싸인 기둥에 묶어놓고 불을 붙이려 했다. 그런데 이때 누군가가 소리쳤다.

"태워 죽이기 전에 그 빌어먹을 설교나 한번 들어보자고! 어디 마음껏 지껄여보게 해봐."

로렌스 존스에게 마지막 기회가 주어졌다. 목에 올가미가 걸린 채로 그는 장작더미 위에 서서 자신의 확실한 주장과 방침을 말하기 시작했다.

로렌스 존슨은 1907년, 그는 아이오와 대학을 졸업했다. 착실하고 신중한 성격을 지니고 있었으며, 학업 성적과 음악석 재능이 뛰어나 친구들과 교수들에게 인기가 있었다. 그가 졸업했을 때 주변의 지인들이 존슨의 재능을 인정해 서로 도와주려 했으나 모든 것을 거절했다. 왜냐하면 그는 자기 나름대로의 '꿈'을 지니고 있었기 때문이다. 그는 부커 T. 워싱턴 전기를 읽고 감명을 받아 자신도 가난과 문맹에 시달리고 있는 흑인들의 교육을 위해 일생을 바치기로 결심했던 것이다.

그래서 대학을 졸업한 후 그는 미시시피 주의 잭슨 마을에서

남쪽으로 25마일 정도 내려간 곳에 정착했다. 남부에서도 가장 벽지인 곳이었다. 그리고 자신이 지니고 있던 회중시계를 1달러 65센트에 팔아 비품을 마련하고 산속 빈터에 학교를 세웠으며, 그런 다음 통나무를 잘라 책상 대신 사용하면서 아이들을 가르쳐 온 것이었다.

로렌스 존스는 장작더미 위에서 포박당한 채 자신을 화형시키려는 군중을 내려다보았다. 흥분한 군중들은 횃불을 손에 쥐고는 눈을 번뜩이고 있었다. 그는 목을 가다듬고 차분히 이야기하기 시작했다.

배우지 못한 흑인과 그들의 자녀들을 깨우쳐서 사회와 국가를 위해 필요한 존재로 만들려는 자신의 뜻을 밝혔다. 그리고 파이니 우즈 컨트리 학교를 창립할 때 토지 · 목재 · 현금 등을 기부하며 그의 교육 사업에 참여한 사람들의 정성과 그 사람들이 얼마나 자기에게 힘이 되었는가에 대해서 이야기했다.

흥분했던 백인들은 로렌스 존스가 자기 자신의 목숨을 구걸하지 않고 자신의 확실한 주장과 방침을 차분하게 이야기하는 것을 듣고는 점차 누그러지기 시작했다.

그의 이야기가 끝나자, 낡아빠진 남군 모자를 쓴 어떤 사람이 불쑥 나서서 소리쳤다.

"저 사람 말이 옳은 것 같소. 우리가 지금까지 오해를 한 거요. 훌륭한 일을 하는 사람을 우리가 도와주지는 못할망정 죽여서야 되겠소. 우리도 그를 도와줍시다."

그는 파이니 우즈 컨트리 학교의 창립자를 불태워 죽이겠다고 모인 사람들에게 자신의 모자를 돌렸고, 그날 로렌스 존스는 많은 기부금을 모을 수 있었다.

세월이 흐른 후, 그는 그날 폭행하고 불태워 죽이려던 사람들을 미워하지 않았느냐는 질문을 받았을 때, 잠시 생각하더니 이렇게 대답했다.

"만약 제가 누군가를 극도로 미워했다면 그 누구도 설득시키지 못했을 것입니다. 미움과 원한을 품게 되면 아무런 일도 이룰 수가 없습니다. 저는 할 일이 많습니다. 저는 다른 사람들과 다툴 만큼 시간이 많지 않습니다."

물론 로렌스 존스와 같은 관용을 지니기는 참으로 힘든 일이다. 또한 우리가 원수를 사랑할 정도로 성자가 된다는 것 또한 거의 불가능한 일이다. 그러나 우리 자신의 건강과 행복을 위해 원수를 용서하고 잊어버릴 수는 있을 것이다. 아니, 우리가 원수를 미워하기보다는, 우리가 누구를 미워하는 장본인이 아닌 것을 신에게 감사해야 할 일이다.

누구를 미워하는가? 그 미움이 당신을 해치고 있다!

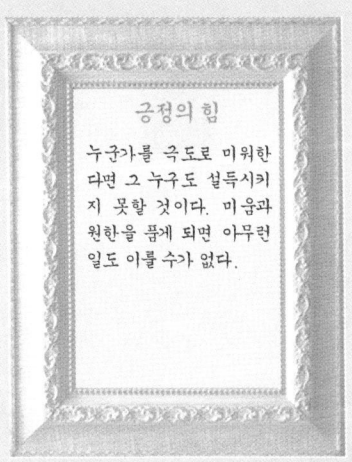

### 긍정의 힘

누군가를 극도로 미워한다면 그 누구도 설득시키지 못할 것이다. 미움과 원한을 품게 되면 아무런 일도 이룰 수가 없다.

# 작은 선물

 이 세상에는 상대방의 관심을 끌기 위한 헛된 노력에 전력을 기울이는 사람들이 너무도 많다. 그러나 이렇게 그릇된 노력에 힘을 기울이는 것은 아무 소용없는 일이다.
 뉴욕의 전화회사에서, 전화 통화 중에 어떤 단어가 가장 많이 사용되는가를 조사한 적이 있었다. 그런데 가장 많이 사용되는 단어는 누구나 짐작할 수 있겠지만, '나'라는 일인칭 대명사였다. 이렇듯, 원래 인간이란 상대방에게 관심을 기울이기보다는 자기 자신에게 관심을 더 많이 갖고 있는 존재다.
 인간이란 자기를 배려해 주고 기억해 주는 사람을 좋아하는 법이다. 그리고 남을 배려하는 행위는 실생활에 크나큰 도움이 된다.

그 실례는 얼마든지 있지만, 여기서는 한 가지만 소개해 보기로 하겠다.

뉴욕 은행에 근무하는 찰스 월터즈는 어떤 회사를 은밀하게 조사해 보라는 명령을 받았다. 월터즈는 그 회사의 사정에 정통한 사람을 알고 있었다. 그 사람은 어느 제조회사의 사장이었다.

그런데 면담을 신청한 월터즈를 사장실로 안내한 젊은 여비서가 방을 나가기 직전에 사장에게 이렇게 말하는 것이었다.

"사장님, 죄송하지만 오늘은 드릴 우표가 없네요."

그러자 사장은 약간 실망한 기색을 보였다. 여비서가 나가자, 사장이 월터즈에게 이렇게 설명했다.

"우리 아들이 우표 수집을 하기 때문에, 편지 오는 게 있으면 비서 아가씨가 봉투에 붙어 있는 우표를 떼어서 가져다주고는 한답니다."

사장은 월터즈가 방문한 용건에 대하여 물어보았다. 월터즈는 자신의 용건을 설명하고 그의 허락을 얻은 다음, 질문을 시작했다. 그러나 그 사장은, 그 회사의 사정에 대한 정확한 발언을 자꾸 회피하는 것이었다.

그 화제를 건드리기를 매우 꺼려하기 때문에 그에게서 어떤 정보도 끌어낼 수 없다는 것을 알게 된 그는 매우 실망했다.

월터즈는 당시의 일을 다음과 같이 털어놓았다.

"솔직하게 말하자면, 나는 어떻게 해야 좋을지 몰랐다. 무슨 좋은 방법이 없을까 생각하던 중, 나는 문득 여비서가 사장에게 '우표'에 대해서 했던 말이 생각났다. 그리고 사장의 아들…… 낙심한 사장의 얼굴이 떠올랐다.

그와 동시에 우리 은행의 외환부서가 생각났다. 외환부서에는 세계 각국에게 수많은 편지들이 오기 때문에 그야말로 우표를 구하기에 제격인 곳이었다.

다음 날 오후, 나는 그 사장을 다시 찾아갔다. 그리고 이번에는 그의 아들을 위해서 우표를 가지고 왔노라고 말했다. 그는 기쁜 마음으로 나를 맞이해 주고는 우표를 한 장씩 살펴보며, 자기 아들이 매우 기뻐할 것이라고 좋아했다. 그날 나는 30분 동안, 우표에 관한 얘기도 하고 그의 아들에 대한 이야기도 나눴다.

그 뒤부터는 일사천리였다. 사장은 내가 이야기를 꺼내기도 전에 자기가 알고 있는 그 회사의 정보를 상세하게 들려주는 것이었다. 그리고 미흡하다고 생각되는 부분이 있으면 부하 직원을 불러 물어보기도 하며 정확한 정보를 제공했다. 나는 그에게 조그마한 관심을 기울임으로써 이른바 특종을 낚은 셈이 된 것이다."

로마의 시인 파브릴리우스 시루스는 다음과 같이 말했다.

"우리는 늘 자기 자신에 대해서만 관심을 갖기 마련이다."

인기 있는 사람이 되기 위해서는 상대방에게 배려와 관심을 가져야 하는 것이다.

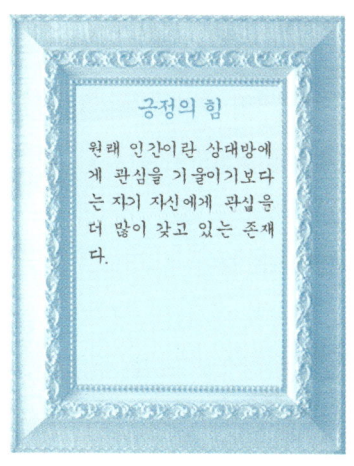

긍정의 힘

원래 인간이란 상대방에게 관심을 기울이기보다는 자기 자신에게 관심을 더 많이 갖고 있는 존재다.

# 오늘만은

응용심리학의 권위자인 윌리엄 제임스는 행동과 감정의 관계에 대해 다음과 같이 설명하고 있다.

"행동이 감정을 따르는 것으로 생각하지만, 실제로 행동과 감정은 동시에 움직이는 것이다. 그러므로 우리는 의지에 의해 직접 지배당하는 행동을 규제함으로써 의지에게 직접 지배당하지 않는 감정을 간접적으로 규제할 수 있다."

다시 말하면, 우리는 '결심한 것' 만으로는 우리의 감정을 바꿀 수는 없지만 행동을 변화시킬 수는 있다. 그러므로 행동을 바꾸게 되면 자동적으로 감정을 바꿀 수 있게 된다는 것이다.

그는 또 이렇게 말했다.

"그렇기 때문에 쾌활한 감정을 상실했을 때 그 감정을 자력으로 회복시킬 수 있는 가장 좋은 방법은, 그 감정이 다시 회복된 것처럼 유쾌한 행동으로 표현하는 것이다."

정말로 이 간단한 비결이 과연 우리에게 도움이 될 것인가? 시험해 보자.

우선 만면에 미소를 띠고 어깨를 힘껏 펴고는 크게 숨을 들이마시자. 그리고 즐거운 노래라도 불러보자. 만약 노래를 못하겠다면 휘파람이라도 불어보자. 휘파람도 불지 못한다면 입 속으로라도 노래를 흥얼거려 보자. 흉내만이라도 좋다. 그러면 당신은 윌리엄 제임스가 한 말을 납득하게 될 것이다.

말하자면, 겉으로 대단히 행복한 체하면서 고민을 한다는 것이 실제로 불가능하다는 것을 알게 될 것이다. 이것은 자연의 기본적인 진리의 하나로써 우리의 일상생활에 기적을 일으키게 할 수 있는 요소이다.

인디애나 주의 텔 시티에 사는 H. J. 잉글러트라는 친구가 있는데, 그는 10년 전에 성홍열에 걸렸다. 그런데 그 병이 낫게 되자, 이번에는 신장염에 걸리게 되었다. 그는 병을 치료하기 위해 의사라는 의사는 모조리 찾아다녔고, 심지어는 '돌팔이 의사'까지 찾아가 치료를 받은 적도 있었다. 그러나 전혀 차도를 보이지 않았고, 합병증으로 고혈압까지 곁들이게 되어 몸이 말이 아니게 되었다.

어느 날 병원을 찾은 그를 진찰한 의사가 한참을 머뭇거리다가 최고 혈압이 214나 된다면서, 아주 치명적인 상태이니 더 악화되기 전에 신변을 정리해 두는 것이 좋겠다고 충고했다.

그는 그때의 심정을 이렇게 말했다.

"나는 집으로 돌아와서 신변 정리를 끝내고 유서도 써 놓았다. 그리고 어두운 마음으로 신에게 내 죄를 참회했다. 집안 식구들은 모두 슬픔에 잠겼다. 아내와 자식들은 울음을 터뜨렸고, 나 역시 처참한 상태로 눈물을 흘렸다. 그렇게 1주일가량 자기 연민에 시달리다가 문득 이런 생각을 했다.

'난 참 못난 놈이다. 아직도 1년쯤은 더 살 수 있을지도 모르는데, 어쩌자고 살아 있는 동안 속만 썩이려고 하는 거야!'

나는 살아 있는 동안만이라도 즐겁게 지내고 싶었다. 그래서 어깨를 펴고 애써 미소를 지으면서 만사가 즐겁다는 듯이 행동했다.

처음에는 어쩐지 어색했지만 차츰 즐겁게 행동할 수 있었으며, 처음 생각했던 것 이상으로 기분이 좋아진 것을 느낄 수 있었다. 그러자 가족들도 차츰 내 감정을 따라왔다.

나는 항상 기분 좋은 상태를 유지하려고 힘썼다. 그런데 그

덕분인지 병세는 나날이 차도를 보였고, 몇 개월 뒤에는 무덤 속에 잠들었어야 했을 내가 완전히 건강을 되찾았으며, 혈압도 정상으로 내려갔다. 나는 이 시련을 극복하면서 뚜렷하게 깨달은 사실이 있다.

만약 내가 병을 고민하던 끝에 '빌어먹을 세상, 모든 게 마지막이구나!' 하고 모든 것을 포기했더라면, 그 의사의 말대로 되었을 것이 분명하다. 그러나 나는 내 마음 자세를 바꿈으로써 스스로에게 기회를 주었던 것이다."

이렇듯 쾌활함을 유지하고 건강과 용기에 관한 긍정적인 생각을 하면 생명까지 구할 수 있는데, 어째서 사람들은 절망하며 의욕 상실에 빠져 괴로워할까?

또한 쾌활하게 행동함으로써 행복해질 수 있는데도 불구하고 어째서 자신뿐만 아니라 주위 사람들까지 불행하게 만드는 걸까?

놀랍게도 인간은 자신의 행동을 적당히 조절하기만 하면, 언제라도 자신의 감정을 통제할 수 있다. 그러므로 이제 우리는 행복을 위해서 싸워야 한다. 쾌활하고 건설적인 사고방식을 가짐으로써 우리의 행복을 위해 싸워야 한다.

여기에 시빌 F. 패트리지가 쓴 건설적인 사고방식이 있다.

오늘만은…….

### • 오늘만은 행복하게 지내자

'인간은 자신이 결심한 만큼 행복해진다.'라는 링컨의 말은 진리이다. 사실 인간의 행복은 자신의 내부에서 비롯되는 것이지, 외부의 상황으로 비롯되는 것은 아니다.

### • 오늘만은 장소와 상황에 순응해 보자

자기 자신의 욕망에 사로잡히지 말자. 가족·사업·운 등을 있는 그대로 받아들이고 그 상황에 자신을 적응시켜 보자.

### • 오늘만은 몸조심을 하자

운동을 하고, 몸을 아끼며, 영양을 골고루 섭취하자. 내 몸을 혹사하거나 함부로 부리지 말자.

### • 오늘만은 마음을 굳게 다지자

한 가지라도 유익한 것을 배워 보겠다고 결심한다. 게으름뱅이가 되지 않겠다고 결심하고 노력하며, 집중을 필요로 하는 책을 읽자.

### • 오늘만은 이렇게 영혼을 훈련하자

사람들에게 친절하게 대하자.
다른 사람들에게 유익한 일을 해보자.
내가 하기 싫었던 일을 자진해서 해보자.

### • 오늘만은 유쾌하게 지내자

활발하게 행동하자. 자신에게 어울리는 복장을 하자. 조용히 이야기하고 예의 바르게 행동하며 다른 사람들을 칭찬하자. 다른 사람들을 비평하지 말고, 무슨 일이든지 꾀를 부리지 않으며, 다른 사람을 탓하거나 꾸짖지 말자.

### • 오늘만은 오늘 하루에 끝내보자

삶의 모든 문제를 앞에 놓고 한꺼번에 해결하기 위해 덤벼들지는 말자. 그러나 일생 동안 내내 도저히 감당할 수 없는 문제라면 오늘 하루 안에 해결해 보자.

### • 오늘만은 하루의 계획을 작성해보자

시간에 따라서 해야 할 일들을 적어보기로 하자. 설령 그대로 실행하지 못하게 될망정 일단 시작해보자. 어쩌면 '충동'과 '주저'라는 악습을 제거시킬 수도 있다.

### • 오늘만은 잠시 휴식 시간을 가져보자

쉬면서 다른 생각은 하지 말고 신에 대해서만 생각해보자. 왜냐하면 자기 인생에 대한 올바른 인식을 얻을 수 있기 때문이다.

### • 오늘만은 두려워하지 말자

행복해지도록 노력하자. 아름다움을 즐기자. 사랑 앞에 겁내지 말고, 내가 사랑하는 사람들이 나도 사랑할 것이라고 믿어보자.